BASTEI LÜBBE

Über die Autorin:

Sibylle Weischenberg leitet das Ressort »Frau & Gesellschaft« bei der Zeitschrift BUNTE und porträtiert dort nationale und internationale Prominente.

Nahezu wöchentlich kommentiert sie auf ZDF, SAT1 und RTL die neuesten Society-News, zum Beispiel bei »Leute heute«. Sie berichtete live bei RTL von der Beerdigung Prinzessin Dianas.

Ihr Berufsweg führte die Journalistin und Modedesignerin u.a. über Stationen beim SPIEGEL, als Pressereferentin des Kanzlerkandidaten Johannes Rau und die Zeitschrift GALA. Sie lebt in München.

Sibylle Weischenberg

Wir können auch anders!

Feine und fiese Erfolgsstrategien für Frauen

Mit den besten Tricks der VIPs

BASTEI LÜBBE

BASTEI LÜBBE TASCHENBUCH
Band 66399

1. Auflage: Januar 2005

Vollständige Taschenbuchausgabe

Bastei Lübbe Taschenbücher ist ein Imprint
der Verlagsgruppe Lübbe

Lizenzausgabe: Verlagsgruppe Lübbe GmbH & Co. KG,
Bergisch Gladbach
Umschlaggestaltung: Bianca Sebastian
Titelbild: Dennis Scott/Corbis (oben),
getty-images/Manfred Rutz (unten)
Satz: EDV-Fotosatz Huber/Verlagsservice G. Pfeifer, Germering
Druck und Verarbeitung: GGP Media GmbH, Pößneck
Printed in Germany
ISBN 3-404-66399-3

Sie finden uns im Internet unter
www.luebbe.de

Der Preis dieses Bandes versteht sich einschließlich
der gesetzlichen Mehrwertsteuer.

Inhalt

Fein oder fies – wie hätten Sie's gern?

Dies ist ein Buch für Sie: für Ihren Erfolg, Ihr Standing, Ihren Durchbruch. Es soll Sie begleiten auf Ihrem Weg nach oben. Ich will Sie nicht belasten mit Ratschlägen, die Sie nicht mehr nötig haben.

Allein Sie beurteilen, welchen Hinweis Sie noch brauchen können, welcher Ihnen nutzt, welcher Sie bestärkt. Denn Ihre Karriere machen Sie allein. Dazu brauchen Sie nichts und niemanden. Aber manchmal ist es von Vorteil, sich bestätigen zu lassen. Und genau das ist mein Ziel: Ihre Zweifel zu zerstreuen, Ihre Ängste mit zu bewältigen – und Sie zu begleiten auf Ihrem Weg.

Sie selbst werden bei jeder Strategie aufs Neue entscheiden, welcher Tipp zu Ihnen passt. Genauso ob und in welcher Variante Sie ihn anwenden wollen. Bei manch fieser Methode baut allein schon die Vorstellung auf, sie in die Praxis umzusetzen.

Sie sind Sie: Ihre wichtigste Waffe, Ihr stärkstes Argument, Ihre schärfste Antreiberin.

Ich will Sie dabei unterstützen, falsche Skrupel abzubauen. Denn ich weiß, dass Sie solidarisch sind. Mit anderen Frauen, die Ihren Weg kreuzen. Aber Sie wissen auch, dass Sie an einigen von ihnen (und nicht nur an Männern) vorbeiziehen müssen – oder sie überholen Sie. Ich möchte verhindern, dass Sie ausgebremst werden.

Sie sollten eine gewiefte Kennerin aller Taktiken sein: der feinen *und* der fiesen. Gehen Sie als Meisterin aller Repertoires ins Rennen – um dahin zu gelangen, wohin Sie gehören: ganz nach oben.

Orten Sie Ihren neuen Posten – vor allen anderen

Fein: Dealen Sie um Informationen

Montagmorgen. Ihr Chef sieht in der Konferenz kurz von seinen Unterlagen hoch, schaut Sie flüchtig an und sagt: »Es war übrigens nett, dass Sie Ihrer Kollegin von der Abteilung XY geholfen haben.«

Möchten Sie jetzt am liebsten ausrasten, und sei es nur für zwei Sekunden? Wünschten Sie jetzt, Sie hätten doch den Volkshochschulkurs für eine Urschrei-Therapie belegt? Oder werden Sie immer noch rot und murmeln Sie verlegen: »Habe ich doch gerne getan«?

Wenn Sie sich für Letzteres entscheiden, kann ich nichts für Sie tun. Sie werden weiterhin Ihrem Image, »nett« zu sein, entsprechen, und dementsprechend intern als absolut harmlos übersehen werden. Wenn Sie jedoch ganz fest spüren, dass das Lob Ihres Chefs eher eine Fast-Hinrichtung, nämlich eine desinteressierte, unverbindliche Floskel war, sollten Sie mit einer Strategie beginnen, die Sie einen entscheidenden Schritt weiter bringt: nach oben. Sie ist verbunden mit Anerkennung, die Ihnen ganz persönlich gilt. Denn Sie sind nicht nur nett, sondern qualifiziert, absolut präzise, in dem, was Sie tun, und dementsprechend ein Gewinn für Ihr Unternehmen. Merken Sie sich: »Nett« ist allenfalls Ihr Hund, wenn er ausnahmsweise einmal nicht auf die Fußmatte Ihres Nachbarn pinkelt.

So ganz können Sie Ihr Nettsein, das Ihnen schon so lange selbst Fesseln auferlegt, nicht abstreifen? Gut. Dann zeige ich Ihnen den feinen, »fairen« Weg, um einen Karriereschritt auf der Treppe nach oben zu steigen. Sie stehen an derselben Gabelung, die auch der Startplatz für einen »fiesen« Weg in den Olymp ist.

Sie müssen Ihre Sensoren schärfen für die unterschwelligen Spannungen, die in jedem Machtgefüge wabern. Bisher waren Sie wahrscheinlich viel zu solidarisch, was Sie selbst meist als »nett« bemäntelt haben, um zu registrieren, dass Ihre Kollegin XY schon lange gemobbt wurde. Dass sie machen konnte, was sie wollte, sie zog immer, wie es so schön heißt, die »A…karte«.

Bisher haben Sie sich in solchen Konferenzen sicher immer gewünscht, sich in einem Mauseloch verkriechen zu können und mit angehaltenem Atem nach unten geschaut, in der Hoffnung, dass sich die miese Stimmung des Chefs wieder in Freundlichkeit umwandelt. Da haben Sie sich allerdings geschnitten. Chefs halten eine Menge aus, sogar ihre eigene Ungerechtigkeit.

Jetzt können Sie zwei Dinge tun. Zum einen Ihre Kollegin in der Kantine (wahlweise auch im Restaurant/Bistro, in dem die gesamte Kollegenmeute Sie recht gut sehen kann) mit mitleidigen Worten wieder aufrichten. Das haben Sie sicher in Ihrem grenzenlosen Mitgefühl bisher auch getan, nicht wahr? Das ganze verlogene Repertoire abgespult, und es dabei wirklich richtig nett ehrlich gemeint.

Wenn Sie jetzt einmal einen kleinen Moment schonungslos aufrichtig mit sich sind, wussten und wissen Sie ganz genau, dass Sie an das ganze Gefühlsgebimmel jedes Mal einen Satz hätten anhängen müssen: »Aber man kann machen, was man will, wenn der Chef nicht will ...« Haben Sie natürlich nicht, denn Sie wollten mit Ihren frommen Lügen ja das lädierte Rückgrat Ihrer Kollegin wieder gerade biegen.

Nun, sie wird mit ihren Rückenschmerzen allein klarkommen müssen. Sie aber können, nachdem die Kollegen-Hyänen mit eigenen Augen gesehen haben, dass Sie die »alte Nette« sind, Ihrem Chef einige Ideen aus dem Tätigkeitsbereich der angeschlagenen Kollegin präsentieren. Nein, bisher tun Sie nichts »Fieses«, das versichere ich Ihnen. Sie testen nur die Lage.

Wenn Ihr Chef noch nicht vorhat, die Schlinge um den Hals Ihrer Kollegin zuzuziehen, wird er Ihnen sagen, Sie möchten sich doch bitte an die betroffene Kollegin wenden. Die Vorschläge gehörten nämlich einwandfrei in deren Zuständigkeitsbereich. Sie solle sich das doch einmal ansehen. Was Sie sofort tun werden. Nicht ohne Ihrer Kollegin zu verkaufen, dass Sie ihr damit aus der derzeitigen schlimmen Situation heraushelfen wollen. Sie wird so gerührt sein, dass sie Ihre gute Tat sofort weitererzählen wird. Also eine weitere Bestätigung, dass Sie ein Prototyp der »Gute-Kollegen-Liga« sind.

Wenn Ihr Chef jedoch bei Ihrem Vorstoß seinen alten, Ihnen gegenüber völlig desinteressierten Gesichtsausdruck fallen lässt, und er Ihnen die Vorschläge förmlich aus den Händen reißt, beginnt für Sie ein neues Kapitel in Ihrem Unternehmen. Sie sind eine Fachkraft, die ihr Licht viel zu lange unter den Scheffel gestellt hat. Wenn Sie sich nicht trauen, Ihrem Chef gleich mit konkreten Vorschlägen zu zeigen, dass er eine lebende Alternative im eigenen Unternehmen bezahlt, gibt es eine weitere »faire« Variante Ihrer Erfolgsstrategie. Für die müssen Sie jedoch endlich Ihre alte, längst überholte vornehme Zurückhaltung aufgeben. Sie ist nämlich nur ein Synonym für mangelndes Selbstbewusstsein.

Haben Sie in der Vergangenheit leicht angewidert auf die sich um Posten balgenden Kollegen heruntergeschaut? Tragen Sie immer noch ein Kreuz auf dem Buckel, das früher in Form von Ermahnungen aus dem Mund Ihres Vaters/Ihrer Mutter geschultert worden ist: »Kind, das tut man nicht!«

Doch. Man tut. Man verlässt den Turm der unberührbaren Prinzessin und begibt sich in die Niederungen eines lebendigen Miteinanders, das da heißt: Arbeitsleben.

In einem solchen haben Chefs von Rechts wegen Gegner. Angeblich gleichberechtigte. Doch wenn ich Ihnen jetzt verrate, wer gemeint ist, sind Sie lebenserfahren genug, um ein wenig mokant zu lächeln. Ja, ich meine den gesetzlich vorgeschriebenen Betriebsrat. Dessen Vorsitzenden (in seltenen Fällen: Vorsitzende) suchen Sie als ersten auf, wenn Sie sich absichern wollen, ehe Sie in die Höhle Ihres Chefs gehen.

Zunächst werden Sie feststellen, dass diese Person höchst geschmeichelt über Ihren »absolut vertraulichen« Besuch ist. Betriebsratsvorsitzende haben nämlich gleich unter drei Imageproblemen zu leiden. Sie werden beneidet, da sie vom normalen Arbeitsstress »befreit«, sprich freigestellt, sind. Verachtet, weil sie sich in den wenigsten Fällen wirklich gegenüber den Chefs durchsetzen können. Und beschimpft, weil sie im Ernstfall für einen gemobbten Kollegen höchstens eine Abfindung heraushandeln können, selten jedoch die gewünschte Weiterbeschäftigung in einem angenehmen Betriebsklima.

So, nun sehe ich Sie dieser so extrem leidenden Person gegenübersitzen. Hier können Sie Ihr altes, antrainiertes

Mitgefühls-Repertoire in voller Länge abspulen. Hören Sie sich ausführlichst seine Klagen über die erlittenen Ungerechtigkeiten an, schauen Sie bewundernd, wenn von der vielen, vielen Arbeit zu hören sein wird, die der wichtige Kollege in seinem Amt zu erledigen hat. Und passen Sie dann einen Moment ab, in dem auch der Chef eines Betriebsrates einmal Luft holen muss.

Dann suggerieren Sie ihm, dass Sie ihm helfen wollen. Jawohl, Sie. Er lechzt nämlich nach internen Informationen, die ihm verwehrt bleiben, da er an den wirklich entscheidenden, »Meetings« genannten Sitzungen nicht teilnehmen darf. Sie erzählen ihm schlicht einige Brüller aus der letzten internen Konferenz, und ich schwöre Ihnen, er wird an Ihren Lippen hängen. Wenn Sie ihm, natürlich sehr subtil, dann noch vermitteln, dass dies nur der Anfang einer lebenslangen Freundschaft ist, fragen Sie ihn beiläufig nach dem derzeitigen Überlebensstand der betreffenden Kollegin. Sie wird sicher schon vor Ihnen auf dem Stühlchen gesessen haben, um ihre ganze Panik zu besprechen.

Glauben Sie mir, ein Betriebsrats-Chef ist alles Mögliche, aber richtig dumm ist er nicht. Er wird spätestens in diesem Moment ganz genau wissen, warum Sie ihn nach jahrelanger Ignoranz plötzlich wahrnehmen. Und genauso wohldosiert wie Sie ihn mit Häppchen verwöhnt haben, die ihm nicht den Magen verderben, wird er auch Sie füttern.

Nein. Dies ist noch nicht einmal in Ansätzen eine »fiese« Tour. Sie sind mit ihm einen Deal eingegangen. Jeder gibt etwas – und jeder bekommt etwas. So etwas machen Sie jeden Tag in der Bäckerei oder in BSE-und MKS-Zeiten noch wichtiger, in der Fleischerei Ihres Vertrauens. Da kämen Sie doch beim Bezahlen eines klinisch einwandfreien

Schnitzels auch nicht auf die Idee, Sie täten etwas, das Ihr Seelenleben beschädigt, oder?

Wenn Sie nun abschätzen können, dass – so bedauerlich es auch ist – in absehbarer Zeit der Posten, der für Sie interessant ist, frei wird, können Sie sich mit noch mehr Gottvertrauen den Termin bei Ihrem Chef geben lassen. Und dann freuen Sie sich schon jetzt darauf, das Gespräch mit folgendem Satz zu eröffnen: »Ich weiß, dass Sie ein Personalproblem haben und ich möchte Ihnen gerne bei der Lösung helfen.« Ihr Chef lernt dabei dann nicht nur, dass er bisher ein schlummerndes, weil als »nett« unterschätztes Talent, schlichtweg übersehen hat, sondern dass er vielleicht einen kleinen Rambo fördert, der ihm noch manche Stolpersteine, Pardon, Mitarbeiter, aus dem Weg räumen wird. Ob Sie wirklich so sind, oder wichtiger, so sein wollen, wird nur eine entscheiden: nämlich Sie.

Eine Mixtur beider Strategien hat vor Ihnen einem sehr zierlichen, sehr blonden Hollywood-Star den Mega-Erfolg gebracht. Meg Ryan, vor kurzem wegen ihrer fast ein Jahr andauernden Romanze mit »Gladiator« Russell Crowe zu Recht beneidet, bekam mit, dass einer gewissen Julia Roberts die Hauptrolle in einem kleinen, aber feinen Liebesfilm angedient wurde. Dazu muss man wissen, dass der Kollegin mit dem attraktivsten Riesen-Mund der Welt und dem lautesten Lachen im Filmgewerbe nach ihrem »Pretty-Woman«-Hit jede weibliche Hauptrolle in jedem Hollywood-Liebesfilm angeboten wurde.

Genau wie Sie litt Meg Ryan in der Zelluloid-Traumstadt unter einem nahezu tödlichen Image: Sie war nett. Sie war bekannt, mit Kolleginnen in den In-Restaurants und Bistros zu sitzen, und sich mit mitfühlender Miene deren Probleme anzuhören. Und so sah man sie auch mit ihrer ultraerfolgreichen Kollegin Julia Roberts, die von jedem anderen anständigen (und unanständigen) Hollywood-Mädel wegen ihres Super-Erfolgs gehasst und gemobbt wurde, bei zwei Salatblättern (auf zwei wunderschönen Tellern verteilt, versteht sich) zusammenhocken. Meg Ryan legte unter den Ponyfransen ihrer damals noch langen blonden Haarmähne die Stirn in Falten, ein klares Indiz dafür, dass sie alle Sorgen einer erfolgsgestressten Kollegin wirklich teilte. Sie hörte, wie sehr sich die junge Frau mit ihren persönlichen Problemen herumquälte, wie sehr sie unter ihren Beziehungs-Phobien litt, wie sehr sie sich nach einer Insel der Glückseligen ohne Paparazzi, Autogrammjäger, Produzenten und Regisseure sehnte ... In diesem Moment sah Meg Ryan auf die Uhr und sagte: »Was? So spät schon?«

Der weitere Gang der Geschichte deckt sich in den anschließenden Schritten mit denen, die Sie auf dem fairen oder fiesen Weg gehen können. Und das Ergebnis kennen Sie auch: Meg Ryan wurde mit der Hauptrolle in »Schlaflos in Seattle« weltberühmt. Zu Recht. Denn ihr Metier beherrscht sie aus dem Effeff. Genau wie Sie.

Fies: Ziehen Sie an Ihrem Kollegen vorbei – auf seinen Stuhl

Sie füllen Ihre berufliche Position aus: tüchtig, kompetent, anerkannt. Kurz gesagt: Sie sind ungefährlich. Mit einem solchen Image sind Sie schon kaltgestellt, ehe Sie sich überhaupt Ziele gesetzt haben. Der Weg zur Macht ist für Sie bereits zubetoniert. Das Karussell der Mächtigen dreht sich ohne Sie.

Sie sind nämlich so damit beschäftigt, zu funktionieren, dass Sie die oft nur minimal erkennbare Unruhe in Ihrem Unternehmen nicht wahrnehmen. Sie haben sich selbst blockiert. Wenn Sie ehrlich mit sich sind, müssen Sie zugeben, dass Sie bisher immer erst dann mitbekommen haben, dass eine bessere Position frei werden würde, wenn sie bereits hausintern ausgeschrieben war. Noch perfider: Wenn sie am schwarzen Brett (meistens an der Wand gegenüber den Waschräumen) öffentlich nachzulesen ist.

Eins müssen Sie wissen: Dann ist es viel zu spät. Die Stelle ist bereits intern besetzt. Personalchefs erfüllen nur noch die Feigenblatt-Taktik. Sie kommen pro forma einer gesetzlich festgeschriebenen Pflicht nach. Sie müssen so tun, als habe jeder Mitarbeiter die Möglichkeit, sich fristgerecht zu bewerben. In Wahrheit decken sie die Eigenmächtigkeit der Chefs. Die haben längst eine qualifizierte Fachkraft vom Konkurrenten abgeworben oder vom Markt weggekauft. Die Zeit bis zum Antrittstermin der neuen Wunderwaffe wird mit Scheinausschreibungen überbrückt. Darauf werden Sie nie wieder hereinfallen.

Ab jetzt fahren Sie Ihre Antennen aus und spüren als erste, dass ein Kollege subtil gemobbt wird. Ja, in diesem Moment müssen Sie Ihre Strategie ausarbeiten. Es bleibt noch genug Zeit. Sie sind sensitiv genug, Schwingungen aufzunehmen. Suchen Ihre Chefs untereinander kurz Augenkontakt, wenn ein gewisser Kollege Vorschläge macht? Fragt Ihr Chef während einer internen Konferenz nach, wo der Kollege XY eigentlich gerade ist? Interessiert ihn die Antwort gar nicht? Wird der Kollege XY rüde zurechtgewiesen für Vorschläge, die ihm früher hohes Lob eingebracht haben? Jetzt ist Ihr Zeitpunkt gekommen. Sie müssen tätig werden.

Verabreden Sie sich mit dem betreffenden Kollegen auf einen Kaffee. Nicht mehr. Und vor allem: Firmenräume wie Kantinen oder Büros sind tabu. Sorgen Sie dafür, dass Sie niemals mit einem angeschlagenen Kollegen gesehen werden. Besuchen Sie ihn nie zu Hause, und laden Sie ihn auch nicht zu sich ein.

Wenn Sie ihm gegenübersitzen, strahlen Sie Ruhe aus. Wenn Sie keine Yoga-Übungen kennen, stellen Sie sich einen feisten Buddha vor, der mit einem zugegebenermaßen schmierigen Lächeln unter halb geschlossenen Lidern sein Gegenüber betrachtet. Imitieren Sie ihn. Verschränken Sie die Hände, stützen Sie die Ellenbogen auf und lagern Sie Ihr Kinn auf den Händen. So zappeln Sie nicht herum und zwingen sich selbst zur Ruhe. Außerdem: Sie kommen nicht in Versuchung, das Gespräch an sich zu reißen.

Sie müssen Ihr Gegenüber aus der Reserve locken. Sie wollen nichts von ihm. Er soll etwas von Ihnen wollen. Er soll sein Herz ausschütten. Er soll Ihnen Informationen geben. Hören Sie ihm aufmerksam zu. Nicken Sie gelegentlich, aber nicht zu rhythmisch. Sie dürfen nicht wie ein seelenloser Automat wirken. Legen Sie ab und zu Ihre Stirn in Falten. Damit signalisieren Sie, dass Sie im Augenblick ganz bei ihm sind und sogar Ihr kostbares Äußeres dabei vergessen. Konzentrieren Sie sich darauf, jedes Detail in Ihrem Kopf zu speichern.

Gehen Sie zwischendurch kurz auf die Toilette und notieren Sie Daten, Fakten und Begebenheiten, die Sie eben gehört haben, um die derzeitige Fallhöhe Ihres abrutschenden Kollegen einschätzen zu können. Wenn Ihr Gegenüber anfängt, sich zu wiederholen und selbst zu bemitleiden, schauen Sie mit gespieltem Entsetzen auf Ihre Armbanduhr, stoßen Sie ein kurzes: »Was? So spät schon? Ich habe die Zeit vollständig vergessen« aus, schieben Sie einen Termin vor und verlassen Sie, so schnell Sie können, den Schauplatz. Wichtig: Sie dürfen kein Mitleid empfinden (allenfalls in Maßen). Sie dürfen auf keinen Fall in den alten Fehler verfallen, Ihre Hilfe anzubieten. Solidarität üben Sie nur mit gleich starken Partnern. Also erst, wenn Sie die Chefin neben einem Chef oder einer Chefin sind. Und auch dann nur so lange, bis Sie ihn bzw. sie überholen können.

Machen Sie jetzt Ihre Hausaufgaben: Schreiben Sie eine Stellenbeschreibung des Kollegen. Definieren Sie, welche Aufgaben er hat(te) und inwieweit er dem Anforderungsprofil entsprochen hat. Suchen Sie anschließend das Gespräch mit der zugehörigen Sekretärin oder Mitarbeitern.

Verwenden Sie die erworbenen Informationen, die Ihnen der betreffende Kollege selbst gegeben hat und präsentieren Sie die besten davon als Lockvogel-Anekdoten. Sie werden erstaunt sein, wie anders dieselbe Geschichte aus dem Mund subalterner Beobachter klingt. Auch hier gilt: Sie werfen nur Brocken vor die Meute und hören anschließend aufmerksam zu. Gönnen Sie sich jetzt eine schöpferische Pause.

Lehnen Sie sich zu Hause entspannt in Ihrer mit heißem Wasser gefüllten Badewanne (inklusive der obligatorischen Hilfsmittel wie Duftöle, einem Glas teuren (!) Weins, sanfter Entspannungsmusik) zurück und lassen Sie im Geist Ihre Kollegen Revue passieren. Wer käme als potenzieller

Nachfolger für den angeschlagenen Kollegen in Frage? Seien Sie großzügig und statten Sie die Rivalen mit möglichst vielen positiven Attributen aus. Seien Sie anschließend wieder gewohnt schonungslos und sehen Sie sie so, wie sie sind.

Notieren Sie sich die Namen derjenigen, die Ihnen wirklich Konkurrenz machen könnten. Danach brauchen Sie für den Rest des Abends nicht mehr zu denken. Denn Sie haben den anderen etwas voraus. Sie haben alle Informationen, um das Rennen zu machen. Ihre Kollegen haben noch nicht einmal gemerkt, dass sich etwas verändert hat. Nämlich Sie.

Ab jetzt fahren Sie zweigleisig: Überraschen Sie Ihre Chefs mit konstruktiven Vorschlägen aus dem Arbeitsbereich Ihres Kollegen. Vorsicht: Bleiben Sie cool. Die Begeisterung, die man Ihnen entgegenbringen wird, hat nichts mit Ihrer Person zu tun. Sie sind Verfügungsmasse. Sie müssen wissen, dass Sie zunächst selbst instrumentalisiert werden in dem Spiel der Mächtigen. Sie werden dazu gebraucht, den Kollegen zu demontieren. Überholen Sie Ihre Chefs links und rechts, ohne dass die aus der Spur geraten. Zeigen sie sich dezent unmanipulierbar, indem Sie in internen Konferenzen Ihren Kollegen hin und wieder positiv unterstützen. Machen Sie es so, dass Sie als netter Mensch, und noch perfider: als hilfsbereite Kollegin wahrgenommen werden. Denn: Zu erfolgreiche Mitarbeiter, die keine positiven Gefühle zeigen, werden von ihren eigenen Chefs gefürchtet. Also: Tarnen Sie Ihre Strategie mit einer freundlichen Verpackung.

Schalten Sie jetzt mögliche zukünftige Rivalen aus: Bremsen Sie sie aus. Streuen Sie in Ihrem Unternehmen das

Gerücht, dass Kollegin XX am Stuhl des angeschlagenen Mitarbeiters sägt. Benutzen Sie dabei Ihre gefürchtetste Konkurrentin. Ziehen Sie sich vornehm aus dem von Ihnen angezettelten Nebenkriegsschauplatz zurück und hören Sie sich mit kummervoll-besorgtem Gesicht die Geschichten von der Front an. Vorsicht: Niemals kommentieren. Die Kontrahenten und Beobachter benutzen jeden unachtsam dahergesagten Halbsatz, um Meinungen zu streuen. Sie wissen zwar selbst nicht, warum, brauchen jedoch ständig neue Munition, um das interne, so unterhaltsame Gemetzel in Gang zu halten. Bereiten Sie jetzt den entscheidenden Schachzug vor.

Lassen Sie sich einen Termin beim Chef geben und berichten Sie in Auszügen von dem entsetzlichen Krieg, der in der unteren Etage geführt wird. Aber wohl dosiert. Seien Sie nicht geschwätzig. Zeigen Sie emotionale Intelligenz. Sie mussten sich öffnen, denn: Sie sind besorgt, weil der Output der Streitenden eingeschränkt ist. Weil Sie es entsetzlich finden, dass der Ruf des Unternehmens leidet. Das schlagendste Argument: Vor allem tut Ihnen der so furchtbar gemobbte Kollege leid.

Jetzt ist es nämlich an der Zeit, Ihr kollegiales Mitgefühl zu zeigen. Ihr Chef wird es Ihnen hoch anrechnen, dass Sie nicht jemanden, der am Boden liegt, treten. Das tut er nämlich lieber selbst. Chefsache sozusagen. Wenn er Sie fragt, ob Sie es sich zutrauen würden, dem Kollegen XY nachzufolgen, schauen Sie überrascht. Geben Sie sich keine Blöße. Zögern Sie einige Sekunden lang und sagen Sie dann mit einem verblüfften Ausdruck auf dem Gesicht: »Ja.« Verkneifen Sie sich jeden Triumph. Sagen Sie niemals etwas so Dummes wie: »Das war schon immer mein Traum.« Fügen

Sie Ihrer immensen Verblüffung noch den unschlagbaren Satz hinzu: »Ich will es versuchen.«

Wenn Ihr Chef Ihnen nicht den Vorschlag macht? Behalten Sie die Nerven, um bis zur letzten Sekunde Ihres Cheftermins auszuhalten. Wenn Sie kurz vor der Verabschiedung sind, beugen Sie sich ein wenig vor und machen Sie folgenden Vorschlag: »Ich würde den Kollegen XY gerne ein wenig unterstützen.« Lassen Sie dann konkrete Beispiele folgen. Ihr Chef wird dankbar sein. Zum einen zeigen Sie sich dümmer, als Sie in Wirklichkeit sind. Sie haben dafür weiterhin Zeit, an der Verwirklichung Ihrer Strategie zu arbeiten, ohne dass Ihr Chef Sie als eine zu intelligente Mitarbeiterin sieht. Und damit zwangsläufig fürchtet. Zum anderen spielen Sie ihm mit Ihrer Kompetenz weitere Argumente zu, den unliebsamen Mitarbeiter hinauszuekeln.

Sie haben damit den Fuß in die Tür zum Zimmer der Macht gestellt. Dem Chef jedoch die Wahl gelassen, Ihnen die Zehen abzuquetschen oder Sie eintreten zu lassen. Sie empfehlen sich als Joker. Sie lassen sich selbst Zeit, um eine neue Strategie zu testen. Das Spiel ist offen. Und Sie sind mittendrin.

Machen Sie auf sich aufmerksam

Fein: Warten Sie nie länger als 15 Minuten im Vorzimmer Ihres Chefs

Bei Ihnen zu Hause stapeln sich die Frauenzeitschriften. Ganz obenauf liegen die Exemplare, auf denen eine muntere Frau in einem dunklen Kostüm auf High Heels (die wegen ihrer Blockabsätze keine sind), mit behendem Schritt eine Treppe erklimmt. Ihre rechte Hand umklammert den Griff einer abschreckend hässlichen College-Tasche. Und darüber steht: »So kommen Sie im Beruf ganz nach oben!«

Vergessen Sie den ganzen verlogenen Kram und schmeißen Sie die Exemplare in die Altpapiertonne. Misten Sie Ihren Kleiderschrank aus. Und vor allem verschenken Sie die Tasche, die Sie natürlich längst für teures Geld erworben haben, an einen besonders unsympathischen Kollegen. Was glauben Sie, warum Moderedakteurinnen immer so frustriert in ihren ewig schwarzen Tristesse-Klamotten durch dunkle Ponyfransen gucken?

Weil sie alle gerne ihre Chefredakteurin absägen würden, jedoch für den Rest ihres Berufslebens dazu verdonnert sind, die ewig gleichen Outfit-Tipps neu zu variieren. Der schwarzen College-Tasche werden Sie noch oft begegnen ... Sicher ist ihre optische Präsenz von nicht zu unterschätzender Wichtigkeit. Die Kunst jedoch ist, dass man sie in die Gesamtpräsentation einbezieht.

Machen Sie sich auf den feinen, den fairen Weg nach oben. Überlegen Sie sich von jetzt an genau, wie Sie sich optimal präsentieren. Sie müssen in einer Ihnen entsprechenden Hülle auf dem strategisch günstigsten Startplatz innerhalb der Hierarchie sitzen. Ob Sie dabei zum Hosenanzug, dem Maxi- oder Kniekehlen-Rock greifen, ist völlig unerheblich, solange Sie selbst ab dem morgendlichen Eintreten in Ihr Unternehmen keinen einzigen Gedanken mehr an Ihr Äußeres verschwenden. Sie sind erst dann optimal angezogen, wenn Sie vergessen, was Sie überhaupt anhaben. Meiden Sie alles allzu Enge, Kurze oder – worst case – Kaputtbare. Ihre Kleidung muss unkaputtbar sein – null Laufmaschen, null Löcher, null Schweißflecke. So geschützt, fangen Sie endlich an, Ihre Präsentation zu optimieren. Lassen Sie sich bei Meetings niemals aus dem Konzept bringen. Selbst wenn Sie eine eigentlich wenig bedeutsame Geschichte rüberbringen, kann ein rüder Einwurf eines Kollegen Sie niemals dazu bringen, die Pointe zu verschlucken. Melden Sie sich bei der nächst möglichen Situation wieder zu Wort und beginnen Sie erneut: »Ich möchte gerne meinen Gedanken zu Ende bringen!« Und dann drängen Sie den anderen mitleidlos das Ende Ihrer Geschichte auf. Das bringt Ihnen Respekt. Und der steht Ihnen zu.

Wenn Ihr Chef Sie warten lässt, obwohl Sie einen festen Termin bei ihm haben, sagen Sie der Chefsekretärin nach 15 Minuten: »Jetzt muss ich leider an meinen Schreibtisch zurück. Ein wichtiger Anruf muss erledigt werden!« und gehen Sie, selbst wenn sich der Leibhaftige in genau diesem Moment im Türrahmen zeigt. Wiederholen Sie genauso ruhig Ihr Sprüchlein und – gehen Sie.

Ich versichere Ihnen, man hat Sie das letzte Mal so vorgeführt. Sie müssen lernen, durch Ihren Auftritt zu punkten. Immer ruhig, immer höflich, möglichst lächelnd. Aber nicht zu breit, das verrät Unsicherheit. Gerade von Mitarbeiterinnen ist man ein strahlendes, immer gut gelauntes Auftreten gewohnt. Es wird als normale Unterwürfigkeitsgeste missinterpretiert und Sie landen im Bewusstsein Ihrer Chefs in einer überfüllten Schublade: Durchschnitt.

Sie werden in Zukunft mit Ihren Sympathiebezeugungen sparsamer umgehen. Verschleudern Sie Ihre positive Ausstrahlung nicht an missgelaunte Konkurrenten, die niemals besseres zu tun haben, als Sie möglichst schnell auf ihr Depressiven-Niveau herabzuzwingen.Lernen Sie, das Interesse Ihrer Chefs zu fesseln. Das tun Sie lieber nicht mit spannenden Erzählungen aus Ihrem »wild exciting life«. Sie tun es mit einer knackig-pointierten Präsentation Ihrer neuesten Idee, einem ganz kurzen Schlenker in das Lieblingsthema Ihres Gegenübers (ob das dessen altersschwacher Dackel oder das neueste In-Restaurant der Stadt ist). Aber Vorsicht: Liefern Sie ihm nur eine Vorlage, um anschließend die altbekannten Histörchen über sich ergehen zu lassen. Sprechen Sie immer in einem ruhigen Tonfall. Und immer in einer Lautstärke, die Ihr Gegenüber zum Zuhören zwingt. Aber nicht, weil Sie wie Ally McBeal gemeinerweise flüstern, sondern weil Sie mit einem sehr bestimmten Tonfall einen gebremsten Domina-Effekt hervorrufen wollen. Nein, keine Angst, wir sind gerade bei der feinen Tour nach oben. Sie sollen nicht wirklich die Peitsche schwingen …

Aber von jetzt an werden Sie so bestimmt auftreten und sprechen, dass Sie wahrgenommen werden. Und zwingen Sie sich zum Augenkontakt. Sie wissen gar nicht, wie viel der wert ist in einer Zeit, in der die wenigsten Menschen

Nähe durch offenes Ansehen ertragen können. Man könnte meinen, ein beherztes Hinschauen käme einem One-Night-Stand gleich. Glauben Sie mir, da gibt es erhebliche graduelle Unterschiede.

Stürmen Sie nicht mehr wie eine wild gewordene Überzeugungstäterin durch Ihre Firma. Verlangsamen Sie Ihren Schritt – und wenn Sie noch so ungeduldig sind auf Ihrem Weg nach oben. Halten Sie den Kopf hoch. Erstens bringt es Ihnen auf Dauer einen strafferen Hals und zweitens machen Ihnen Entgegenkommende automatisch Platz. Soviel Präsenz ist nur schwer standzuhalten. Beobachten Sie genau die zeitlichen Abläufe in Ihrem Unternehmen. Unwichtig sind die Schedules Ihrer gleichgestellten Kollegen. Dort hineinzuschauen bringt nichts.

Das Einzige, was für Sie von Bedeutung ist, sind die Zwänge, denen Ihre Chefs unterworfen sind. Überlegen Sie sich sehr genau, wann Sie welche inhaltlichen Vorschläge präsentieren. Wann Sie die Genehmigung zum berechtigten Urlaub oder die Erlaubnis zur gewünschten Fortbildung einholen. Ein gehetzter Chef wird Ihnen vielleicht als der leichtere Gegner vorkommen. Ein Pyrrhus-Sieg! Er wird, da er gerade selbst von seinen Terminen überrollt wird, geistesabwesend seinen Segen geben. Er wird Ihnen aber nie verzeihen, dass Sie die für ihn Stresssituation ausgenutzt haben. Wenn Sie verreist sind, wird er von nichts mehr wissen. Er hat das notwendige Formular unterschrieben? Niemals! Und Sie bekommen womöglich noch einen unangenehmen Anruf der Chefsekretärin während Ihrer Mittagssiesta am sonnigen Urlaubsort. Ihr Chef weiß sehr genau, dass Sie anschließend den Rest Ihrer freien Tage mit unangenehmer Angst im Bauch verbringen werden.

Apropos Urlaub. Nehmen Sie ihn, egal, ob man Ihnen den Eindruck vermittelt, Sie seien unentbehrlich für das Bestehen Ihres Unternehmens. Timing verraten Sie, wenn Sie die Balance zwischen Präsenz und Abwesenheit halten. Ewige Anwesenheit verrät nur Ihre unterschwellige Angst um Ihren Arbeitsplatz und ist keine Empfehlung für einen rasanten Karriereaufstieg. Und ruiniert Ihre Gesundheit. Seien Sie keine Masochistin und packen Sie Ihre Koffer!

Fies: Erhöhen Sie Ihren Unterhaltungswert

Konferenz. Sie sind wie immer die Erste. Sie setzen sich an den äußersten Platz am Konferenztisch. Und warten. Nach und nach trudeln Ihre männlichen Kollegen ein. Und unterhalten sich entspannt über die letzten Fußballergebnisse, erzählen ausführlich, wo sie welches Tor gesehen haben und warum es nicht hätte fallen dürfen. Sie bekommen nur Bruchstücke mit, denn in Gedanken wiederholen Sie jetzt schon zum x-ten Mal, was Sie gleich vortragen wollen. Warten auf den Chef.

Er kommt. Sie holen, verspannt wie immer, tief Luft und beginnen: »Ich habe mir Gedanken gemacht zum Thema …«, da fällt Ihnen ein Kollege ins Wort und fragt Richtung Chef: »Wie fanden Sie die Flanke zum 2:1?« Nach 15 Minuten profundem Austausch über die Bundesliga sind Sie nervlich am Ende. Ihr Chef wird nach dem entspannten Diskurs über dribbelnde Halbgötter und unfähige Ballidioten einen Ihrer Kollegen zum Vortrag bitten. Der Tag ist für Sie schon gelaufen. Sie sind schlichtweg nicht vorhanden.

Ihr Alltag? Sie sind eigentlich nur Opfer Ihrer schlimmsten Macke geworden: zielorientiert eindimensional zu denken – und zu handeln. Chefs lieben Pausenclowns und Entertainer. Einige der Mitarbeiter, die sie gefördert haben, bringen nur begrenztes fachliches Know-how mit, besitzen zum Ausgleich dafür aber einen hohen Unterhaltungswert.

Ich will Sie wirklich nicht überreden, nackt auf dem Konferenztisch zu steppen! Obwohl Sie dadurch mit Sicherheit einen bleibenden Eindruck hinterlassen würden. Fangen Sie nur endlich an, Ihren Auftritt in der täglichen Peepshow, nämlich Ihrem Unternehmen, zu planen. Seien Sie Ihre eigene PR-Beraterin, damit Sie weiterkommen.

Als erstes sitzen Sie bei der nächsten Konferenz sozusagen in der ersten Reihe. Nämlich an einem strategisch günstigen Platz in Augenkontakt zum Chef. Sie sollen zu diesem Zweck nicht über Leichen gehen, aber als Erstes werden Sie einem Kollegen, der seinen Platz eisern verteidigen würde, anvertrauen, dass Sie ein (kurzfristiges) Augenleiden haben und deshalb nahe am Geschehen sitzen müssen. Wahlweise empfiehlt sich auch ein verstauchter Fuß inklusive dekorativer Krücken, mit denen Sie eintretenden Kollegen den Weg zum angestammten Platz versperren. Selbstverständlich nachdem Sie zehn Minuten früher als gewöhnlich den Platz besetzt haben. Bei Stehkonferenzen, bei denen eine begrenzte Stuhlzahl Machtspielchen fördert, werden Sie in Zukunft immer sitzen. Beste Begründung: Sie haben sich beim Fitness-Training den Rücken leicht (!) verstaucht. Das Wort Fitness-Training suggeriert Power und Selbstüberwindung, das Wort »leicht« beweist, dass Sie nicht so blöd sind wie manche Anabolika schluckende Kollegen mit lädiertem Selbstwertgefühl.

Verbieten Sie sich ab sofort das Verkriechen in irgendwelchen Konferenzzimmer-Ecken, indiskutabel schon der Gedanke, halb verdeckt von der offen stehenden Tür dem Geschehen sozusagen unsichtbar beizuwohnen. Sie haben es nicht nötig, als Claqueur zu dienen. Studieren Sie (sitzend) das meist erstaunlich schmale Repertoire Ihrer erfolgreichen Kollegen, die allesamt eine Etage über Ihnen residieren. Womit landen sie Knaller in den Konferenzen? Was kommt bei den Chefs an? Sie sollen nicht imitieren, sondern sich orientieren.

Und wenn Sie tausendmal lieber Ihre Abende mit hochintelligenten Wälzern im Bett, einem schicken Galeriebesuch oder ausgedehnten Diskussionen mit gebildeten Freunden beim Nobel-Italiener verbringen – wenn Ihr Chef auf Fußball steht, sehen Sie sich von heute an jedes wichtige Länderspiel im Fernsehen an. Genau wie er. Ist er Formel-1-verrückt, stehen Sie halt um vier Uhr nachts auf und verfolgen Schumis Start in Japan. Es reicht nicht, nur die ersten fünf Minuten zu überstehen, lassen Sie die nervtötende Rundenknatterei über sich ergehen. Lesen Sie ausführlich die Tageszeitungeen, notieren Sie sich knackige Kommentare aus dem Sportteil und mixen Sie sich daraus eine kenntnisreich wirkende Kurzkritik.

Lassen Sie sich jedoch bloß nicht den Auftritt von einem Kollegen, der mit dieser Strategie schon einmal an Ihnen vorbeigezogen ist, vermasseln. Sie werden von nun an die Regie führen. Bringen Sie, völlig unbefangen, Ihr neuerworbenes Wissen als Erste in der Konferenz an und nutzen Sie die einsetzende Schnappatmung Ihrer verblüfften Kollegen, um Ihr fachliches Anliegen zu verkaufen. Von jetzt ab werden Sie Ihre Kompetenz verpacken, sozusagen mit hrem Label verzieren. Fangen Sie endlich an, einen Teil Ihrer Arbeitszeit mit einer effizienten Spionage zum Wohl der eigenen Sache zu füllen. Es darf sogar der weitaus größte Teil Ihrer Zeit sein. Immerhin haben Sie eine Menge aufzuholen. Fragen Sie unauffällig die Sekretärinnen der wichtigsten Abteilungsleiter nach den privaten Vorlieben ihrer Chefs aus. Behaupten Sie, dass sich so viele Kollegen Gedanken über das nächste Geburtstagsgeschenk für den Boss machen oder dass Sie den Komitee-Vorsitz zur Vorbereitung schönerer Betriebs- und Geburtstagsfeiern übernommen haben. Lassen Sie die Damen schwören, dies nicht zu verraten, aus Gründen der Überraschung, versteht sich.

Mit dem erworbenen Wissen gehen Sie in anstehende Gespräche mit den betreffenden übergeordneten Kollegen. Passen Sie den richtigen Augenblick ab und bringen Sie einen interessanten Satz über das Laichen der Forellen in Kanada an, wenn denn Ihr Gesprächspartner dort schon drei stumme Wochen verbracht hat. Bei Wagnerianern glänzen Sie in Zukunft als Kennerin einiger Petitessen über den Sängerstreit in Bayreuth, bei notorischen Harley-Davidson-Fans fragen Sie angelegentlich nach der Marke der denkbar knackigsten Lederhose – schließlich sind sie schon lange verrückt nach einer guten Maschine.

Damit haben Sie etwas Unschätzbares geschafft: Sie sind ein Mensch geworden. Für die anderen. Bisher waren Sie die Furcht einflößende Frau mit der größten denkbaren Kompetenz, also ein Wesen, das mit einem guten Dutzend virtueller Messer im Rücken lebt oder – falls Sie skrupulöse Kollegen haben (kaum existent) – wenigstens ausgeschaltet werden muss. Ab jetzt wird man Sie schätzen, weil Sie einen Miniblick in Ihr Leben außerhalb der sauerstoffarmen Arbeitswelt zugelassen haben. Ganz wichtig: Sie zeigen eine Gemeinsamkeit mit Interessen der anderen, die von denen naturgemäß als ungemein sympathisch bewertet werden. Ich weiss, es fällt Ihnen schwer, nicht zu zeigen, wie haushoch Sie den meisten Ihrer Unternehmens-Rivalen überlegen sind. Sie müssen aber. Sonst kommen Sie nicht weiter. Das geballte Mittelmaß Ihrer Kollegen wird Ihnen sonst ein Hindernis nach dem anderen in den Weg bauen und Ihr Chef wird Sie hassen: Sie sind ihm schlicht zu tüchtig. Und damit furchtbar anstrengend. Chefs lieben es, wenn ihnen Untergebene unterlegen sind. Sie lieben es zu korrigieren. Nächster Punkt Ihrer Strategie nach oben: Brechen Sie die Solidarität der Mächtigeren. Oder zunächst: Weichen Sie sie auf. Bisher sind Sie mit dem Kopf gegen die Wand gelaufen. Und haben ihn sich blutig geschlagen. Ab jetzt sorgen Sie dafür, dass Ihrer Föhnwelle nichts geschieht. (Und wenn es Ihnen persönlich noch so egal ist, ob die Fransen ihren Stand haben.) Plaudern Sie mit. Erfinden Sie Ereignisse, die sich mit dem Erlebnishorizont Ihrer Kollegen decken.

Hollywoodstars erster Güte wissen, wie sie sich am vorteilhaftesten verkaufen. Bei den vertraglich vereinbarten Promotiontouren quer über den Erdball sitzen erstklassig geschulte First-Class-Kräfte aus den Pressestudio-Etagen neben den Goldstücken. Mit eiserner Miene und der Stoppuhr in der Hand achten sie auf die Dauer und den Inhalt eines Interviews.

Mir saß jedoch im Mandarin-Oriental Hotel in München ein gewisser Mel Gibson gegenüber, der mich schon sehr entspannt an der Tür seiner Luxussuite begrüßt hatte. Um dann, nach einem zupackenden Händedruck, verbunden mit einem sehr breiten Grinsen, die Berufshyäne zum Kaffeetrinken zu schicken.

Ein Unding. Im Geiste sah ich sie schon ein sehr langes, empörtes Memo an den Studioboss diktieren (und natürlich umgehend e-mailen). Der Frauenschwarm mit den wahrscheinlich beachtlichsten tiefblauen Augen der Welt lächelte verschwörerisch, als teilten wir gerade die gleiche Vision. Er wusste genau, dass ich buchstäblich alles über seine private Person in Erfahrung bringen wollte. Und ich wusste, dass er nicht die winzigste Kleinigkeit über sich preisgeben wollte.

Wir trafen uns in der Mitte, denn die Chemie zwischen uns stimmte, wie man so schön sagt. Und wir waren beide Profis genug, das Gesicht des anderen wahren zu wollen.

Also entpuppte er sich in einem sehr langen Gespräch als gewiefter Taktiker, der mir den Raum ließ, Fragen zu stellen, die über das übliche »Was drehen Sie als Nächstes« weit hinausgingen. Und als ich ihn direkt auf den Zustand seiner Ehe (glauben Sie mir, seine Pressebetreuerin wäre in diesem Moment in Ohnmacht gefallen) ansprach, zog er sich elegant aus der Affäre: Er erzählte mir, dass seine Frau in diesem Moment in den Geschäften an der Maximilianstraße mit seiner Kreditkarte shoppen ging (auch ein gelungenes Eheleben) und bot mir ersatzweise ein Stück Information, das später, nach der Veröffentlichung meines Interviews, die meisten Leserbriefe auslöste. Wie sehr er geprägt worden sei durch seine katholische Erziehung, was seine Wertvorstellungen seien, wo er mit den Dogmen der Kirche auf Kollisionskurs gegangen sei …

Um es kurz zu machen: Es wurde ein Gespräch von anderthalb Stunden Dauer, vereinbart waren knappe dreißig Minuten. Überflüssig zu erwähnen, dass während unserer intensiven Unterhaltung seine PR-Frau zigmal wieder von ihm vor die Tür geschickt wurde. Und dass ich zu allem Überfluss als einzige Journalistin sogar noch seine Frau erlebte, die kurz reinschneite, um hallo zu sagen. Er hatte für sein Image mehr getan, als ein ganzes Bataillon an Imagestrategen sich hätte ausdenken können. Er hatte sich so in Szene gesetzt, dass ich nicht mehr nur seine blauen Augen beachtlich fand, sondern die unerwartete Bandbreite seiner Gesprächsthemen.

Zudem beherrschte er alle Tricks einer brillanten Körpersprache. Er war die Aufmerksamkeit in Person. Anreichen von Obst, Nachschenken von Tee, Ordern von Wasser und eine entspannte Sitzhaltung, die signalisierte: Ich fühle mich jetzt und hier im Gespräch mit Ihnen wohl.

Oder begleiten Sie mich doch einmal in Gedanken auf den Münchner Filmball. Ein Event der A-Klasse, besucht von Mitgliedern aus allen Society-Schichten: also von Politikgrößen, Showbiz-Stars, Mächtigen, Moguln, Wirtschaftsbossen, Glitzi-Bitzi-Starlets und Vertretern der größten Abteilung, die da heißt »Ich-möchte-so-gerne-dazugehören« (wohlgemerkt: zu allem).

Wenn Sie dort Ihre Runde machen und die wichtigen 1a-VIP-Tische ins Visier nehmen, werden Sie eine Ansammlung von Superstars, darunter sicher auch Ihre Lieblinge, beobachten können. Wenn die sich begrüßen, könnte man meinen, es seien Blutsverwandte, die sich seit Menschengedenken nicht mehr getroffen haben.

Die Top-Ladies versichern sich gegenseitig mit großer Emphase, wie schön das Kleid der anderen ist. Und sie setzen häufig noch eins drauf, indem sie mit Bewunderung davon sprechen, wie sehr doch die andere abgenommen hat. Ein perfides Mittel, um Boden zu gewinnen. Hat die betreffende TV- oder Leinwandschöne wirklich abgenommen, weiß sie, dass sie zuvor als »fett« disqualifiziert wurde. Hat sie jedoch ihr Gewicht kein bisschen reduziert (und will es eigentlich auch gar nicht), ahnt sie, dass es Zeit ist zu hungern, da ihre Freundin-Rivalin überall denselben Mist erzählen wird und so den Blick von Mitbewerberinnen um die nächste Hauptrolle sowie von gestrengen Regisseurs-Augen auf ihre Hüften lenken wird. Ein Teufelskreis, der jedoch für den ungeübten Betrachter in einem wogenden Meer von Bussis, Schluchzis und gelenkigen Bodychecks verborgen bleibt.

Grandios im Verbergen von wahren Empfindungen sind auch die unangefochten führenden Ladys der New Yorker Upperclass. Bei ihrem großen Auftritt im New Yorker Metropolitan Museum of Art trafen sie sich unlängst auf ihre unnachahmlich graziöse Art und Weise. Um Amerikas Stilikone, die 1994 verstorbene ehemalige First Lady, Jackie Kennedy, zu ehren, trippelten sie geschlossen durch die Ausstellung von achtzig Outfits inklusive Hüten und Schmuck der Unnachahmlichen. Allen voran Hillary Clinton, New Yorks Senatorin, die Ehemann Bill, den Ex-US-Präsidenten, allein zu Hause gelassen hatte. Angezogen wie zum Walkürenritt in einem leopardengemusterten Kleid von Oscar de La Renta schlug sie die derzeitige First Lady, Laura Bush, in deren bravem No-No-Kleidchen mit putzig appliziertem Müsterchen in die Flucht.

Doch das interessanteste Paar des Abends war Jackie Kennedys Tochter Caroline Schlossberg-Kennedy und ihre Tante, Lee Radziwill, Schwester der unvergessenen Jackie O. Die hatte ihre Nichte, inzwischen Gralshüterin des Vermächtnisses ihrer glamourösen Eltern, nachhaltig mit der Veröffentlichung ihres Buches »Happy Times« verärgert.

Darin zeigt sie sich und ihre Schwester in den glanzvollen Jahren von John F. Kennedys Präsidentschaft in allen möglichen Situationen – auch auf Schnappschüssen privater Natur. Messerscharfe Reaktion von Präsidententochter Caroline: Tante Lee will sich nur wichtig machen und endlich einmal die Schlagzeilen für sich haben.

Und wissen Sie, wie man so eine publicitygeile Person gesellschaftlich fertig macht? Man platziert sie weit entfernt vom Ehrentisch des Kennedy-Clans in die Nähe des Ausgangs. Und man zelebriert den Todesstoß wie ein Torero in der Arena: Man lässt sich zuvor noch strahlend lächelnd mit der Delinquentin fotografieren. Hohe Kunst, kann man da nur sagen. Schließlich ist in der ganzen leidigen Familienangelegenheit kein einziges böses Wort gefallen. Dessen bedurfte es auch nicht.

Sie verstehen? Und wenn Sie noch so gerne einmal, nur einmal, sagen möchten, was Sie wirklich über die mangelnde Effizienz eines übergeordneten Kollegen denken … Ja, was dann? Sie würden sich selbst die Tarnkappe vom kompetent denkenden Kopf ziehen und könnten alle Karrierepläne begraben. Man würde Sie nämlich schnell kaltstellen. Werfen Sie ab jetzt gezielt Nebelkerzen, was heißt: Plaudern Sie gnadenlos mit. Nehmen Sie in Kauf, dass das von

Ihnen favorisierte Projekt im Laufe der Besprechung überhaupt nicht zur Sprache kommt. Lernen Sie den tieferen Sinn eines perfekten Timings. Sie müssen Ihr Informationsnetz so auswerfen, dass Sie die Stimmung Ihres Gegenübers einfangen. Wenn Sie zur falschen Zeit ein »Go« für ein von Ihnen konzeptioniertes Projekt einholen wollen, Ihr Chef oder Ihr Kollege aber gerade Knatsch mit der Freundin oder schlimmer noch, mit seiner Sekretärin hat, können Sie Ihren Wunsch-Zeitplan knicken.

Werden Sie weicher. Wenn Sie die »fiese« Tour bevorzugen, nur äußerlich. Sie müssen die Mundwinkel nach oben biegen und darauf achten, dass Sie nicht automatisiert, sprich kalt-freundlich, wirken. Gehen Sie Umwege beim Smalltalk. Reden Sie über Gott und die Welt, so lange, so unbefangen, bis Sie selbst daran glauben, dass Sie es sind. Wenn Ihr Gegenüber gerade denkt, wie angenehm es doch ist, mit Ihnen zu plaudern, platzieren Sie das, was Ihnen der – zugegebenermaßen mühsame – Weg wert war.

Wenn ein vorgesetzter Kollege clever genug ist, Ihnen immer noch nicht zu trauen, spielen Sie eine andere Karte. Tauchen Sie in seinem Stammlokal auf, wenn er gerade einmal keinen Gesprächspartner dabei hat (Quelle: Sekretärin/Mitarbeiter). Tun Sie überrascht und zeigen Sie ein betont privates Gesicht. Außerhalb der Gefängnismauern, sprich des Unternehmens, sind immer noch alle Menschen gleich. Überwinden Sie sich und fragen Sie einfach, ob Sie sich dazusetzen können. Vor allem Männer können in solch einer Situation noch immer nicht nein sagen. Versuchen Sie, ihn in Ihr Boot zu zwingen. Egal, um welches Anliegen es sich handelt. Wenn er sich immer noch ziert, spielen Sie kurz, aber heftig, das »Ich-kann-dich-auch-Ertrinken-lassen-Spiel«:

Behaupten Sie, Sie hätten entweder schon mit dem gemeinsamen übergeordneten Chef oder zwei seiner gleichgestellten Freunde über das Vorhaben gesprochen. Ihr Vorgesetzter sieht daraufhin kurzfristig das Leck im Boden Ihres Bootes und wird seinen Fuß darauf stellen, um nicht untergehen zu müssen. Glauben Sie mir, er wird in diesem Moment nicht erkennen, dass Sie mit ihm absaufen würden. Dann nämlich, wenn er nach seiner Rückkehr ins Unternehmen den Wahrheitsgehalt Ihrer Behauptungen checken würde. Wird er aber nicht. Männliche Kollegen scheuen sich, nachzufragen. Sie glauben immer, dass bei solchen Unterhaltungen auch über sie geredet wurde. Einer solchen meist entlarvenden Kommunikation sind sie nicht gewachsen. Dazu sind sie schlicht zu eitel.

Sie selbst jedoch werden anschließend im Unternehmen wieder Ihre gewohnte Geradlinigkeit unter Beweis stellen, indem Sie die Wahrheit erzählen. Dass Sie nämlich mit dem Kollegen XY zufällig gemeinsam gegessen haben. Dass sie über Ihr Projekt gesprochen haben, dass er Ihnen zugestimmt hat. Zwei Fliegen mit einer Klappe. Jetzt glaubt auch der betroffene Kollege, dass Sie eine vertrauenswürdige, unglaublich loyale Haut sind. Wer so ehrlich über ein gemeinsames Mittagessen erzählt, kann nicht ganz schlecht sein. Ihr Image hat sich von einer verbissenen, verkrampften Mitarbeiterin in das einer souveränen Karrierefrau gewandelt, von der sich viele noch etwas erhoffen. Manche dürfen genau das befürchten.

So führen Sie Ihren Chef

Fein: Wer den Vorgesetzten nicht ändern kann, ändert sich

Ihr Chef ist ein richtig netter Mensch. Freundlich grüßt er seine Mitarbeiter von der Empfangsdame über die Abteilungsleiter bis hin zu Ihnen. Immer wahrt er höflich die Distanz, die gebildete Mitteleuropäer untereinander schätzen. Wenn Sie einen Ihrer wohldurchdachten fachlichen Vorschläge machen, freut er sich sichtlich, mit Ihnen auf einem vernünftigen, ja, geradezu gleichberechtigten Niveau darüber zu diskutieren. Er … In diesem Moment klingelt regelmäßig Ihr Wecker und es ist Zeit aufzustehen, stimmt's?

Ich kann verstehen, dass dies der absolute Spitzenreiter unter Ihren Lieblingsträumen ist. Sie brauchen auch nicht auf ihn zu verzichten. Sie müssen ihn nur instrumentalisieren. Wenn schon die Wirklichkeit nicht Ihrem unterbewussten Wunsch entspricht, können Sie Ihr Verhalten doch in der Realität verändern, indem Sie so agieren, als sei Ihr Chef einer vom anderen Stern. Denn einen solch integeren Menschen ohne Allüren und ohne das Verlangen, Untergebene wenigstens ein ganz klein wenig zu quälen, zu finden, gleicht der Suche nach einem Alien mittleren Alters. Mag sein, dass es ihn gibt. Gesehen hat ihn aber noch keiner.

Sie können aber jeden Tag, jede Stunde, ja jede Sekunde Ihres täglichen Arbeitslebens, Ihrem Chef so gegenübertreten, als sei er ein Marsmännchen mit einer kleinen Antenne auf dem Kopf. Sie reden ihn genauso an, wie Sie in Ihrem Lieblingstraum immer Ihrem Chef entgegentreten. Sie diskutieren über fachliche Inhalte so, als seien Sie ein ihm gleichgestellter Mensch. Sie bestimmen, wo Ihre Grenzen im täglichen Miteinander sind. So, als würde er selbst die unsichtbaren Schranken, die jeder Mensch braucht, respektieren. Sie werden sich wundern, wie schnell Ihr Chef Ihrem Wunschdenken entsprechen wird. Sie ändern ihn, ohne dass er es merkt.

Denn Sie bestimmen von nun an die Aktionen, die zwischen Ihnen ablaufen. So als hätten Sie das Ende aller unsichtbaren Fäden der Kommunikation zwischen Ihnen in der Hand. Sie können sozusagen die kleinen Verletzungen, die Ihr Chef Ihnen bisher jeden Tag zugefügt hat, mit dem Zucken Ihres kleinen Fingers abwehren.

Es kommt auf Ihr Bewusstsein an. Mit dem können Sie mehr ausrichten, als Sie bisher ahnten. Sie haben sich bisher mit mehreren Dingen blockiert. Allen voran Ihrem verbissenen Streben nach einer besseren Position und Ihrer Angst. Der Angst vor dem typischen Chefpoltern, dem üblichen Dompteurblick, der Ihnen ohne viele Worte vermittelte: »Wenn ich will, kann ich noch ganz anders.«

Von jetzt an stellen Sie sich blind. Auch wenn Ihr Chef ein Mensch ohne Kinderstube ist, fahren Sie von jetzt an einen selbstbewussteren Kurs. Kramen Sie aus Ihrer eigenen guten Erziehung alles hervor, was bisher in Ihrem Berufsleben nicht gefragt war. Höflichkeit, Ausgeglichenheit, Eleganz in Wort und Auftritt, Stilsicherheit, Charisma – und Intelligenz. Alles das, vor allem Letzteres, haben Sie bisher sorgsam verborgen, als seien es die unanständigsten Attribute, die Sie sich vorstellen konnten. Weil sie nicht sanktioniert waren. Sie haben sich dem Niveau Ihrer Umgebung angepasst, so bitter das in der Rückschau auch für Sie sein mag.

Von jetzt an versuchen Sie nicht mehr, die natürlichen Feinde, die man Kollegen schimpft, zu ändern. Von nun an zwingen Sie – fair wie Sie sind – den anderen Ihr Wesen auf. Da die es freiwillig niemals tun werden, geben Sie sich selbst Ihre Wertigkeit zurück. So seelisch repariert, werden Sie an der Bedenkenträger-und-Raffgier-Truppe Ihres Unternehmens plötzlich, fast gegen Ihren Willen, Züge entdecken, die Sie richtig nett finden. Denn auch hier gilt: Ihr Blickwinkel hat sich verändert, ohne dass Sie es vorhatten. Jetzt locken Sie die netten Seiten Ihrer Feinde (ein häufig gebrauchtes Synonym für Kollegen) hervor.

So schachmatt gesetzt, werden die es sogar erlauben, dass Sie an ihnen vorbeiziehen. Sie selbst müssen nur noch damit klarkommen, dass Ihre so domestizierten Kollegen ein wenig wirken, als stünden sie unter Drogen. Die Droge sind Sie. Es ist Ihre positive Ausstrahlung, die andere in ihrer, machen wir uns nichts vor, halb kriminellen Energie, gestoppt hat.

Warum ich Sie so weit bringen will? Weil Sie sich jetzt Ihrem Chef in einem anderen Licht präsentieren. Sie sind für ihn berechenbar geworden. Kein Chef dieser Erde kann, selbst wenn er wollte, Sie gegen den Rest seiner Truppe fördern. Er hätte die Meute gegen sich. Und würde dafür kurzzeitig selbst zum gejagten Tier. In solch einer wenig komfortablen Situation schnappt er lieber selbst zu – und Sie müssen mit den Narben leben. Nun haben Sie auf Ihrem fairen Weg nach oben gelernt, sich richtig zu präsentieren: nämlich so, wie Sie sind.

Sie verleugnen nicht länger, dass Sie vier Sprachen fließend beherrschen. Vor allem Ihre eigene. Sie übernehmen hin und wieder, ohne groß darüber zu sprechen, Übersetzungsaufgaben etwa von Geschäftspost für Ihren Chef. Wie gesagt, Sie korrigieren auch schon mal, selbstlos wie Sie sind, die Kommafehler in seinen Briefen. Ja, Sie helfen schon mal der Chefsekretärin, die, leidenserprobt, seine falsche Interpunktion übernehmen muss. Es kommt jetzt nicht darauf an, dass sie es Ihrem Chef erzählt. Es kommt darauf an, dass sie Sie nun leiden kann, und dies wird sich in Zukunft sogar in ihrer Körpersprache ausdrücken, wenn sie mit Ihrem Chef über Sie spricht.

Chefs haben feine Sensoren für die zwischenmenschliche Kommunikation in ihrem Unternehmen. Schließlich sind sie es gewohnt, dass ihnen niemand die Wahrheit sagt. Sie sorgen selbst dafür, dass keiner den anderen leiden kann. Helden wie den »Gladiator«, die selbstlos jedes Amt ablehnen und im heroischen Kampf gegen den Tyrannen ihr Leben lassen, sind Einzelschicksale. Deshalb leben Chefs auch so lange. Es sind Märchen, die auf der Kinoleinwand verkauft werden. Chefs werden dafür bezahlt, dass sie die Hauptrolle als Tyrann übernehmen und Sklaven in der Arena des Unternehmens aufeinander hetzen.

Je blutiger das Gemetzel, desto besser. Das Gleichgewicht der Macht bleibt damit austariert. Sie haben jetzt zwar das Hauen und Stechen mit dem schweren Säbel verweigert, dafür aber zum feineren Florett gegriffen. Deshalb werden Sie als Kämpferin mit Köpfchen eingestuft. Sie empfehlen sich zur Beförderung. Sie werden Feldherrin. Gratuliere.

Glauben Sie bloß nicht, dass Prominente spielerisch das erreichen, wonach sie sich verzweifelt sehnen. Tom Hanks hat nur noch ein Karriereziel: den dritten Oscar nach »Philadelphia« und »Forrest Gump« zu erhalten. Warum weiß nur er selbst. Um diesen Karriereschritt zu schaffen, hat er sogar körperliche Qualen auf sich genommen. Für den Kassenschlager »Verschollen«, in dem er einen Schiffbrüchigen mimt, hat er sich zunächst fünfundzwanzig Kilo Übergewicht angefressen, um als ein wenig angemoppelter Karrierefuzzi zu Beginn des Streifens aufzutauchen. Dann wurden die Dreharbeiten ein halbes Jahr unterbrochen.

Sechs Monate lang lebte der privat eigentlich sehr sympathische Mime nach einer Fast-Null-Diät. Rigide hungerte er mehr als dreißig Kilo ab, bis er in den Verdacht geriet, magersüchtig zu sein. Nun zog er wieder mit dem Film-Team auf die Insel zurück und legte eine Super-Performance als verzweifelter Gestrandeter hin. Nach den hervorragenden Kritiken und Super-Einspielergebnissen wurde er richtig eklig selbstzufrieden. Der dritte Oscar, so vermittelte er jedem, stand schon so gut wie sicher auf seinem Regal im Beverly-Hills-Wohnzimmer.

Als es zum Schwur kam und während der langen Oscar-Nacht endlich die Umschläge geöffnet wurden, hieß es: »... and the Oscar goes to ... Russell Crowe«. Tom Hanks biss vor Ärger fast in den roten Teppich. Wissen Sie, warum er ihn nicht bekommen hat? Weil er ein richtiger Kotzbrocken geworden war. Weil er glaubte, es reiche, ein Drehbuch nach dem Gesichtspunkt, ob es einen Oscar hergibt, auszusuchen. Weil er für den Oscar und nicht für sein Publikum gespielt hat. Weil er seine Schauspieler-Seele für den Preis verkauft hatte. Und weil er sich so verdammt sicher war. Das war kein natürliches Selbstbewusstsein, das war Selbstgefälligkeit. Und das verzeihen die Juroren, sprich die vielen Chefs der Akademie, nicht.

Katja Flint, elfenhaft schön, wenn sie gut geschminkt ist, und in natura eher eine unscheinbare, ein wenig sperrige allein erziehende Mutter, war sich so furchtbar sicher, dass sie für ihre Darstellung in »Marlene« alle Preise dieser Erde einheimsen und natürlich in allen Filmmetropolen dieser Erde mit Rollenangeboten nur so zugeschmissen werden würde. Nix da. Flint erstarb in Schönheit als »die Dietrich«. Jeder vermisste Gefühl und Authentizität.

Jeder der mächtigen Bosse im Show-Biz fühlte sich – ganz schlimm für das zarte Pflänzchen »Selbstwertgefühl eines Chefs« – getäuscht. Und noch schlimmer: allein gelassen an der alles entscheidenden Kinokasse. Verlassen, weil das Ego seines Stars nur mit sich selbst beschäftigt war. Jeder dieser Film-Halbgötter fühlte sich persönlich ganz schlecht, als »Marlene« zum FF dahinsiechte. FF? Zum Fast-Flop. Haben Sie Katja Flint seitdem in einer neuen Hauptrolle gesehen?

Ein wenig mehr Sensibilität für die Nöte ihrer Chefs hätte Wunder gewirkt. Und hätte dafür gesorgt, dass sie sich nicht alle Frauen, klassische Eintrittskarten-Käuferinnen, zu Feindinnen gemacht hätte. Zu diesem klassischen Karrierestopper kommen wir in einem anderen Kapitel.

Fies: Den Boss sezieren und lenken

So, nun haben Sie sich und anderen bewiesen, dass Sie tüchtig sind. Dass Sie clever sind. Dass Sie belastbar sind. Und was noch besser ist: Sie selbst wissen sogar schon, wie es weitergehen soll. Mutig haben Sie bereits den nächsten Karriere-Schritt ins Auge gefasst.

Dann setzen Sie sich jetzt bitte in die gemütlichste Ecke Ihrer Wohnung und nehmen Sie die für Sie entspannteste Haltung ein. Ja, Sie dürfen auch kopfunter an der Fitnessstange hängen, wenn Sie denn ein wenig masochistisch veranlagt sind. Aber konzentrieren Sie sich um Himmels willen nur auf eines: das unbekannte Wesen, das Ihnen nun noch den Weg nach oben versperrt. Richtig: Es. Ihr Chef. Meinetwegen auch Ihre Chefin.

Im Monopoly-Spiel Ihres Berufslebens hätten Ihnen mindestens drei Umwege erspart werden müssen. War aber nichts mit »locker an den Kollegen vorbeiziehen«. Denn nichts hassen die Mächtigen so sehr wie einen Überflieger. Wenn der zum Sprung ansetzt, werden Sie unangenehm daran erinnert, dass sie sich selbst die Hacken wund gelaufen haben – bei manchen schmerzen eher noch die Knie vom ewigen Rumrutschen in Demutshaltung –, und sie halten Ihnen wie in einem Reflex das Stöckchen noch ein Stück höher. Oder sie schleudern den Knochen so weit, dass Sie japsend nach Atem ringen.

Fangen wir noch einmal an. Erinnern Sie sich? Sie befinden sich zur Zeit in Ihrer Wohnung in der für Sie entspanntesten Pose. Und jetzt nehmen Sie Ihren Chef in Gedanken erst einmal Stück für Stück auseinander. Ich rate Ihnen dringend davon ab, sich das betreffende Wesen in Unterhosen vorzustellen. Das wollen Sie sich doch ersparen, nicht wahr? Sie sollen auch beileibe nicht sein Bild zerstören. Sie sollen nur verstehen lernen, warum er so ist, wie er ist.

Registrieren Sie als erstes die schlichte Tatsache, dass Chefs nur Menschen sind. Ja, wirklich. Sie haben, genau wie Sie, ihre Stärken und ihre Schwächen. Genau wie Sie versuchen sie Tag für Tag, ihre Stärken herauszustellen und ihre Schwächen zu kaschieren. Wenn Sie sie instrumentalisieren und für Ihre Zwecke benutzen wollen (keine kurzfristigen Skrupel, das machen die mit Ihnen auch jeden Tag), müssen Sie erst einmal Ihre Angst verlieren. Und das gelingt Ihnen am ehesten, wenn Sie einmal das ganze schmückende Beiwerk – Chefsekretariat, weitläufiges Büro, Dienstwagen, Fahrer, feinster Zwirn und ein gewichtiger Gesichtsausdruck – ignorieren und wie mit einem Laser sein Innerstes auszuleuchten versuchen.

Es ist wichtig, dass Sie ein exaktes Psychogramm Ihres Chefs erstellen. Sie müssen mit Ihrem Feingefühl beispielsweise einschätzen können, wann und vor allem, warum er anfängt zu brüllen. Ist er ein Angstbeißer? Vielleicht ein zutiefst unsicherer Mensch? Wissen Sie denn wirklich, ob er nicht jeden Tag mit genau demselben Unbehagen wie Sie ins Unternehmen kommt? Überlegen Sie sich einmal, wie viel Druck von ganz hoch oben er eigentlich ausgesetzt ist. Nein, Sie sollen kein Mitleid mit ihm haben. Denken Sie immer daran, dass ein Teil seines wesentlich höheren Gehaltes Schmerzensgeld ist. Er muss alles aushalten. Buchstäblich alles. Das Schlimme ist nur, dass er den Frust darüber, dass es so weh tut, jeden Tag abladen kann. Zum Beispiel auf Ihnen – indem er Sie daran hindert weiterzukommen.

Studieren Sie also zunächst in aller Ruhe, zu welcher Spezies er gehört. Natürlich haben Sie längst sein privates Umfeld ausgeleuchtet, wissen, warum er mit wem wohin in Urlaub fährt, wie viel Kilo er abnehmen will, wer seine engsten Feinde sind. Deren Namen erfahren Sie todsicher, wenn Sie es nie, wirklich nie versäumen, alle Branchenzeitschriften zu lesen, derer Sie habhaft werden können. Wissen ist Macht. Ihre Macht. Unbezahlbar, zu erfahren, wie er von außen wahrgenommen wird. Von unschätzbarem Nutzen, zu wissen, ob die Geschäfte Ihres Unternehmens vielleicht schlechter laufen als Sie bisher ahnten.

Ergebnisse werden hausintern grundsätzlich geschönt, sprich gefälscht. Die Mitarbeiter werden im Zweifelsfall als Letzte erfahren, dass ihr Chef kurz vor dem Rausschmiss steht. Es wäre aber doch zu schade, wenn Sie sich daranmachten, ihn abzusägen und er sowieso schon mit einem Bein vor der Tür steht. Wie viel vergeudete Energie von Ihrer Seite.

Sollten Sie also in Ihrer Karriereplanung zufälligerweise den Platz Ihres Chefs einnehmen wollen, setzen Sie den Hebel erst an, wenn andere ihn schon zu Fall gebracht haben. Ansonsten gilt eisernes Aussitzen. Abtauchen und Ihre Energien für den richtigen Moment zum eigenen Schritt ganz nach oben sparen.

Beliebter Pausenfüller bei Leerlauf im Spiel der Macht ist das Anlegen von Dossiers über potenzielle Nachfolger. Man weiß ja nie. Angenommen, Ihre Recherchen haben ergeben, dass Sie noch eine längere Zeit mit Ihrem Chef rechnen müssen. Dann stellen Sie sich von nun an gnadenlos auf ihn ein. Als erstes werden Sie keine Angst mehr im Umgang mit ihm haben. Denn nach Ihren Sezierungskünsten ist er Ihnen bis ins Detail seines Seelenlebens vertraut. Sie wissen, wie er ist, aber er weiß nicht, dass Sie wissen. Ich schwöre Ihnen, ab jetzt werden Sie den bisher so frustrierenden Kampf um den nächsten besseren Job genießen. Ein bisschen Spaß muss sein. Finden Sie nicht auch? Sie können Ihrem Vorgesetzten viel entspannter gegenübertreten, weil Sie ihn durchschauen.

Eines seiner wirkungsvollsten Machtmittel ist wirkungslos geworden: nämlich so herrlich unberechenbar zu wirken.

Sie müssen damit rechnen, dass Sie ihn in Ihrem neuen selbstsicheren Auftreten ein klein wenig verunsichern. Da muss er durch. Sie werden bitte niemals, wirklich niemals, den unappetitlichen Schleimspuren Ihrer Kollegen nachkriechen, nicht wahr? Was für eine Vorstellung. Sie sollen sich nicht verbiegen, schon gar nicht unterwerfen, um aus Ihrem Chef das Größtmögliche herauszuholen. Sie sollen ihn doch nur lenken. Dahin, wo Sie sich selbst haben wollen. Nachdem Sie ihn ein klein wenig aus dem Gleichgewicht gebracht haben, gehen Sie kurzfristig einen Mini-Schritt zurück und machen es ihm angenehmer, mit Ihnen umzugehen.

Sie sind, das haben wir schon erörtert, nicht verbissen, nicht verkrampft, nicht zu problemorientiert. Nein, Sie sind konstruktiv bis zum Umfallen, locker, ohne oberflächlich zu wirken, und: bis zur Unerträglichkeit lösungsorientiert. Sie machen ihn zum Junkie, der abhängig davon wird, dass Sie – pragmatisch wie Sie sind – immer ein Lösungsmodell parat haben.

Sie werden es zur gewohnten Perfektion treiben. Und er wird angenehme Situationen wittern, sobald Sie in Konferenzen auflaufen. Ja, wie ein pawlowscher Hund fängt er unbewusst an, sich zu entspannen, wenn Sie Ihr gewohntes Stühlchen im Konferenzraum einnehmen. Bitte keine Missverständnisse. Dies hat nichts mit den Untiefen einer persönlichen Beziehung zu tun. Sie sind nur ein unverzichtbares Teil in seinem Macht-Puzzle geworden. Aber eben nicht Nummer 1256, sondern die Nummer eins.

Sie sind nämlich diejenige, die nicht nur darüber stöhnt, dass Ihr Chef gerne mit Anglizismen, oder noch ätzender: mit lateinischen Versatzstücken aus seinem Sexta-Repertoire glänzt. Sie haben schon vor einiger Zeit einen kleinen, aber feinen ergänzenden Vorrat bei Freunden mit Uni-Abschluss oder aus einem entsprechenden Sprüche-Ratgeber-Bestseller gesammelt. Überholen Sie Ihren Chef aber nie bei seinem Kürlauf durch die Sprachwelt der Mächtigen und Reichen. Spezialisieren Sie sich darauf, seine Sprüche bei Bedarf hilfreich zu ergänzen oder, in einem entspannten Moment vielleicht sogar großzügig sein Repertoire zu erweitern. Schenken Sie ihm doch einige Ihrer gesammelten Phrasen! Eines verbietet sich jedoch von selbst: Sie korrigieren ihn nie.

Chefs mit einem gesunden Halbwissen benutzen Fremdwörter grundsätzlich falsch. Sie könnten gleich Ihre Kündigung mitbringen, wenn Sie ihn einmal öffentlich korrigierten, sprich vorführten. Sorgen Sie nun als Nächstes dafür, dass Sie Ihrem Chef bei einem auswärtigen Termin zufällig über den Weg laufen. Zu diesem Zweck verschaffen Sie sich bei seiner Sekretärin einen großzügigen Überblick über seine anstehenden Termine. Umständehalber darf es ein gezielter Blick in seinen Timer sein, wenn das Sekretariat kurzzeitig unbesetzt ist. (Empfehlenswert sind Mittagspausen oder kurze Besorgungsgänge der guten Feen innerhalb oder außerhalb des Hauses.)

Nun verschaffen Sie sich eine 1a-Einladung zum passenden Event. Möglichst bei einem Stehempfang oder einer Party. Sie können unmöglich damit rechnen, bei einem gesetzten Essen neben Ihrem Chef platziert zu werden. Wenn Ihnen denn nichts erspart bleibt, und Sie bei einem seiner Vorträge im Publikum sitzen müssen, hängen Sie um Himmels willen nicht an seinen Lippen. Sorgen Sie nur dafür, dass Sie ihm anschließend über den Weg laufen. Rein zufällig. Und immer souverän. Sie werden ihn nur dann ansprechen, wenn er Ihnen Näherkommen signalisiert. Lassen Sie Ihre Antennen den ganzen Abend ausgefahren. Er wird. Denn das Überraschungsmoment ist auf Ihrer Seite. Außerdem sind Menschen, denen auf eigenem Terrain wie Halbgöttern gehuldigt wird, oft erstaunlich unsicher, wenn sie sich unter ihresgleichen behaupten müssen. Dann kann es Ihnen passieren, dass der plötzliche Anblick Ihres vertrauten Gesichtes Ihren Chef in seiner Not dazu bringt, Sie fast wie einen vollwertigen Menschen zu behandeln. Cool bleiben – weil Sie wissen, warum er so reagiert.

Deshalb auch jetzt: Schmeicheln gilt nicht. Nutzen Sie Ihre einmalige Chance. Machen Sie ihn in Ihrer weltläufigen lockeren Art mit Menschen bekannt, die er nicht kennt. Und was noch besser ist: Die ihn nicht kennen. Für einen Chef eine schier unerträgliche Situation. Jetzt können Sie ihm easy beweisen, wie gewandt Sie sich in der freien Wildbahn bewegen und wie souverän Sie mit Ihren Kontakten umgehen. Sie stellen ihn nämlich großzügig vor.

Beim Kennenlern-Ritual dürfen Sie dann schon einmal ein ganz klein bisschen dicker auftragen. So etwa, wenn Sie Ihren Chef mit wenigen, aber dramatisch positiven Worten charakterisieren. Immer charmant. Immer eine Nuance witzig. Und immer nur mit so viel überirdisch positiven Attributen präsentieren, dass er noch bescheiden mit dem Kopf wackeln kann. Und dann machen Sie sich sofort aus dem Staub.

Jetzt wird er nämlich undankbar und degradiert Sie ad hoc zu einem subalternen Zuhörer. Einer, der nicht mitbekommen soll, dass er sich beim Smalltalk aus seiner alten Sprüche-Schatulle bedient. Schließlich agiert er, so selbstlos von Ihnen eingeführt, wieder auf sicherer Bühne. Dass Sie ihm überhaupt erst den Vorhang aufgemacht haben, hat er, virtuos wie er darin ist, verdrängt. Doch Sie akzeptieren solche rasanten Stellungswechsel. Weil Sie wissen, wie Ihr Chef tickt. Weil Sie ihm im emotionalen Stellungskrieg des Arbeitslebens haushoch überlegen sind.

In Ihrem Strategie-Papier können Sie noch in der Nacht gleich mehrere Punkte abhaken. Egal, was Sie notiert hatten, Sie sind schon ein so großes Stück weiter, dass Sie getrost einige Anstrengungen auslassen können. Ihr Chef sieht Sie jetzt mit anderen Augen. Sie jedoch rüsten schon zur nächsten Schlacht. Schließlich wollen Sie ja nicht zu seiner Lieblingsangestellten verkommen. Sie wollen weiter.

Es versteht sich von selbst, dass Sie ihm auch fachlich ausgefeilte Vorschläge machen, hin und wieder auf Ihren makellosen Werdegang hinweisen und ab und zu das Wort Neustrukturierung in den Mund nehmen. Nicht ohne zu vergessen, dass der Begriff Neustrukturierung immer ein verschämtes Synonym für »Schaffung neuer, hierarchisch höhergestellter, sprich, attraktiver Posten« ist.

Er macht immer noch keine Anstalten, Sie endlich zu befördern? Dann müssen Sie sich auf den Weg zum Friseur machen. Ha, Sie meinen, ich würde Ihnen zu einem neuen Haar-Styling raten? Zwingen Sie mich bitte nicht dazu, Ihnen noch einmal zu erklären, dass Ihre Frisur ganz allein Ihre Sache ist. Dass Sie mit einem Mopp auf dem Kopf herumlaufen können wie Margarete Schreinemakers beim Joggen.

Sie erinnern sich: Wenn Sie sich derart verunstaltet sicher fühlen beim täglichen Stellungskrieg in Ihrem Arbeitskampf, ist das absolut okay. (Ändern müssen Sie allerdings etwas, wenn Ihre Kollegen regelmäßig Suchaktionen starten, weil sich Ihre Pinkelpausen zu stundenlangem Haarzuppeln oder

Aufbau-Toupier-Marathons ausweiten. Dann sind Sie nämlich in Ihrem Selbstwertgefühl gehandicapt und haben schon sechzig Prozent Ihrer Ausstrahlung eingebüßt.)

Nein, Sie sollen sich im Frisier-Salon nicht Ihres Vertrauens, sondern dem der Frau Ihres Chefs anmelden. Dort werden Sie in Zukunft zu denselben Zeiten auflaufen wie sie. Sie werden das Gespräch mit ihr suchen – und finden. Sie werden mit ihr über die sinkende Arbeitsmoral im Allgemeinen reden und die Methode von Frauen, sich im Betrieb hochschlafen zu wollen, aufs schärfste verurteilen.

Dann werden Sie ganz beiläufig von Ihrem eigenem Unternehmen plaudern. Den Versuch Ihrer Gesprächspartnerin, Sie zu unterbrechen, um Ihnen zu signalisieren, dass Sie mit ebendiesem Ihrem Chef ehelich verbunden ist, werden Sie geflissentlich ignorieren, um dann in vertraulich gedämpftem Tonfall zu sagen: »Bei mir im Betrieb versucht eine von diesen Tussis, Mitte zwanzig und Dolly-Buster-Busen, gerade meinen Chef dazu zu bringen, ihr den XY-Job zu verpassen.« Auch wenn die Gattin Ihres Chefs in diesem Augenblick mit einem Schwall aufkommender Tränen ringt, setzen Sie, mit geradezu penetranter Ignoranz ihres Leidens, hinzu: »Aber der lässt sich sicher nicht darauf ein. Dazu ist er viel zu korrekt.«

Nehmen Sie nun in Kauf, dass die Dame überstürzt das Weite sucht. Lassen Sie sich dafür auf jeden Fall von Kopf bis hin zur Pediküre verwöhnen. Sie haben es sich verdient. Denn Sie haben von nun eine starke Verbündete im Ringen um den gewünschten Top-Job. Sie werden ihn kriegen, vielleicht auch noch die lebenslange Freundschaft einer bisher vernachlässigten Frau dazu. Kümmern Sie sich um sie. Sie wird es Ihnen danken.

Netzwerken Sie wie die Old Boys

Fein: Ihre Interessen haben erste Priorität

Sie sind eine faire Frau. Eine loyale Mitarbeiterin. Eine humorvolle Mitstreiterin Ihres Chefs. Eine kenntnisreiche Fachfrau in Ihrem Unternehmen. Kurzum: Ein Fabelwesen mit superbem Ruf. Sie fühlen sich anerkannt. Sie fühlen sich wohl in Ihrer Firma. Sie haben längst den buddhistischen Erkenntnisstand verinnerlicht, dass Ihr – zugegebenermaßen etwas mühseliger – Weg das Ziel ist. Denn Ihnen hat Ihr Chef schon signalisiert, dass Sie bei seinen emsigen täglichen Überlegungen, wer als Nächster das Rennen macht, auf seiner Prioritätenliste ganz oben stehen. Schön. Ich freue mich mit Ihnen.

Nur: Wenn Sie jetzt einmal ganz kurz ganz ehrlich sind, gibt es da ein ganz kleines Problem, sogar für Sie: die »Zicken« in Ihrer Umgebung. Natürlich, Sie sprechen nicht von »Zicken«, sondern von »Kolleginnen«. Aber noch einmal, tapfer ein ganz klein wenig ganz ehrlich mit sich sein: Viele von ihnen sind und bleiben Zicken.

Sie haben sich aber in den Kopf gesetzt, Ihren Karriereweg allein fortzusetzen. Und nehmen deshalb einen ganz furchtbar fairen Kampf mit den Gewitterziegen in Ihrer Umgebung auf. Natürlich soft. Sie verstehen sich ja auf das geschmeidige Verhalten, wollen nicht raffiniert kämpfen, sondern ohne viel Reibungsverlust das Optimale erreichen. Schauen wir mal, was Sie da tun können.

Zunächst machen auch Sie sich daran, die Typen zu charakterisieren. Ja: Ohne Hausaufgaben geht gar nichts. Sie sind umzingelt von »Ich-kann-alles-weil-ich-muss«-Zicken, »Ich-kriege-alles-weil-ich-es-will«-Zicken und natürlich den »Ich-will-eigentlich-gar-nichts«-Zicken, die bedauerlicherweise die unehrlichsten sind. Sie schreien nämlich als erste hier, wenn es um die Verteilung von Posten, Penunse und Prestige geht. Also, alles in allem eine richtig schön verlogene Meute.

Sie alle haben aber schon viele Fantasy-Filme in ihrem Leben gesehen und einen Trick daraus für ihr persönliches Leben adaptiert: ihr wahres Ich unter einer Tarnkappe zu verbergen. Die Tarnkappe hat auch einen Namen bekommen: Freundschaft. Und mit der werden Sie schier erstickt, bis Sie bis zur Unkenntlichkeit zugedeckt sind. Freundlich wie die Damen nun mal sind, werden Sie in vielen kleinen persönlichen Gesprächen vereinnahmt. Werden Sie zu privaten Geburtstagsfeiern eingeladen, werden – sollten Sie Single sein – unermüdlich Traummänner angekarrt, die Ihnen den Hof machen. Ob Sie wollen oder nicht. Ihr Ziel erreichen Ihre Mitbewerberinnen im Betrieb allemal: Sie kommen überhaupt nicht mehr dazu, Ihren Karriereweg fortzusetzen. Ihnen fehlt schlichtweg die Zeit und die Energie.

Ab heute rücken Sie bitte die Prioritäten wieder einmal etwas zurecht. Ganz oben steht Ihr Wohl und nicht das Ihrer so wohlmeinenden Kolleginnen. Ihre Dates machen Sie sich wieder allein. Partys werden vorläufig gemieden, bis Sie Ihre eigene geben: aus gegebenem Anlass – Ihrer Beförderung. Verschließen Sie sich einfach mehr vor allen neugierigen Anfragen Ihrer Kolleginnen, wenn sie sich um

Sie, Ihr Privatleben, Ihre Neigungen und Ihre Ablehnungen drehen. Markieren Sie solch in Wahrheit gemeingefährliche Spionageversuche vorbeugend mit dem imaginären Stempelaufdruck »Top Secret« und handeln Sie auch danach. Weisen Sie Ihren Kolleginnen sanft, aber bestimmt, wieder ihren Platz zu. Unter oder (fast) neben Ihnen.

Begeben Sie sich jetzt auf die Suche nach einem Menschen in Ihrem Arbeitsumfeld, der genau wie Sie straight auf sein Ziel zumarschiert und sich nicht vereinnahmen lässt. Überlegen Sie, welche Ziele er verfolgen könnte. Und prüfen Sie, ob Sie sich gegenseitig in die Quere kommen könnten. Wenn dies nicht der Fall ist, ist er oder sie Ihr Mann oder Ihre Frau. Testen Sie zunächst mit kleinen Fangfragen oder verdeckten Hintergrund-Recherchen, ob Ihr erster Eindruck der richtige war. Alles paletti? Dann vereinbaren Sie ein Treffen und seien Sie geradeaus. Sagen Sie, was Sie wollen und sagen Sie, was Sie geben könnten. Sparen Sie sich alle Umwege. Denn wenn Ihr Gegenüber das Format hat, das Sie hinter ihr oder ihm vermuten, ist diese Person genauso pragmatisch wie Sie veranlagt. Und weiß genau wie Sie ein offenes Wort zu schätzen.

Von nun an werfen Sie sich in Ihrem Unternehmen die Bälle zu. Sorgen Sie dafür, dass im richtigen Moment die richtigen Hinweise auf Ihre Kollegin oder Ihren Kollegen von Ihnen kommen, und verabreden Sie mit diesem Menschen seine Unterstützung für Sie. Stehen Sie nicht gemeinsam am Kopierer herum. Logisch, dass niemand von Ihrem Agreement wissen darf.

Ihre Zicken stehen parallel dazu unter Ihrer ständigen Beobachtung. Halten Sie die Damen in Schach. Von heute an werden Sie ihnen Ihren Smalltalk zum Fraß vorwerfen. Zum Beispiel hin und wieder mal ein neues Kleidungsstück vorführen, um dann anschließend betont freundschaftlich über die vorangegangene Schnäppchenjagd zu berichten. Die Geschichte kann man endlos variieren, kunstvoll verlängern oder knapp wie ein Kanzler-Statement verkaufen. Hauptsache, die hungrige Meute hat etwas, woran sie ihre Zähne wetzen kann.

Fies: Sortieren Sie Ihr Umfeld in »Nette« und »Nützliche«

Neun Uhr abends. Sie sitzen immer noch an Ihrem Schreibtisch. Ihre Schuhe scheinen perfiderweise über Tag eine Nummer kleiner geworden zu sein. Morgen müssen Sie fit sein. Sie wollen mit dem alles überragenden Vorschlag Ihres Lebens den derzeitigen Stillstand Ihrer Karriere beenden. Das Tal der Tränen soll durchschwommen sein. Sie sehen schon das rettende Ufer. Da öffnet sich die Tür und eine Kollegin steckt den Kopf herein. Ihr mitfühlender Gesichtsausdruck tut Ihnen so gut.

Sie setzt sich zu Ihnen und Sie können so richtig schön befreit anfangen zu klagen. Es tut so gut, über alles zu reden. Natürlich berichten Sie Ihr nicht nur von Ihrem speziellen Schuhproblem, nein, Sie gehen mit ihr Stück für Stück Ihren Top-Vorschlag durch. Es ist doch schier unbezahlbar, noch einmal mit einer versierten Kollegin alle Ecken und Kanten zu beleuchten. Ihre inneren Blockaden fallen. Richtig gut, dass sie noch einige kleine Ungereimtheiten aufdeckt und winzige Verbesserungsvorschläge macht. Erleichtert machen Sie sich auf den Weg nach Hause, und in der noch verbliebenen kurzen Nacht danken Sie dem Gott der Arbeitswelt, dass er Ihnen eine so nette Kollegin, nein, besser, eine richtige Freundin, geschickt hat.

Am nächsten Morgen, Ihre Schuhe sind wie durch ein Wunder wieder auf Normalmaß angewachsen, präsentieren Sie Ihren Coup dem Chef. Der zieht eine Augenbraue hoch und sagt ...

Sie wissen schon, was jetzt kommt? Dass Ihre Kollegin längst bei ihm war und Ihre Idee als die eigene verkauft hat. Sorgen Sie gefälligst dafür, dass Ihnen so etwas nie wieder passiert. Und warum sitzen Sie dann immer noch bei einer »Tasse Kaffee«, dem Synonym für einen kurzen, aber tödlichen Gang zum Schafott, mit einer oder noch schlimmer, mit mehreren Kolleginnen zusammen, um ihnen brühwarm von Ihren letzten Erlebnissen im Haus zu berichten?

Warum reden Sie sich beim gemeinsamen Mittagessen mit Ihren Kollegen immer noch um Kopf und Kragen, wenn nur einer Ihnen die übliche Fangfrage nach der Befindlichkeit Ihres Chefs stellt? Oder Sie schlicht fragt, wie es Ihnen geht und Sie ihm gleich vom desaströsen Zustand Ihrer Zweierbeziehung berichten. Groteskerweise auch noch völlig wahrheitsgemäß.

Ab jetzt stellen Sie sich jeden Tag vor, Sie seien Nachrichtensprecherin der 20-Uhr-Tagesschau und müssten sich auf die vom Chef vom Dienst ausgewählten News beschränken. Die Chefin vom Dienst sind Sie selbst. Übrigens eine ungeheuer machtvolle Position. Immerhin bestimmt dieser Mensch, was Millionen Menschen jeden Tag als nahezu amtlich verordnetes Wissen akzeptieren. Die

Kunst liegt darin, wenig als wichtig zu verkaufen. Ihr Kapital ist, dass Sie über das Wenige, was Sie rauslassen, die Kontrolle besitzen. Und dass Sie es an Kolleginnen, also – so hart es auch klingt: – niemals Freundinnen, weitergeben.

Alle sind potenzielle Rivalinnen, denn sie haben dasselbe Ziel wie Sie: weiterzukommen. Und die Ehrgeizigsten wirken am harmlosesten. Es ist nicht einmal so, dass die Sie nicht leiden können. Würden sich Ihre Konkurrentinnen gestatten, einmal eine ruhige Minute zu nutzen, um über Sie als Mensch nachzudenken, würden Sie sicher Ihr bezauberndes Wesen schätzen lernen. Im Rollenspiel der Arbeitswelt ist aber für solche Petitessen wie »persönliches Mögen« kein Platz.

Holen Sie sich Ihre Streicheleinheiten woanders. Wenn Sie in Ihrem Privatleben eine »beste Freundin« geparkt haben, nur zu. Erzählen Sie Ihr meinetwegen, was Sie wollen. Aber bitte, behalten Sie im Hinterkopf Platz für einen kleinen Rat: Frauen – und zu ihnen gehört auch eine »beste Freundin« – neigen leider noch viel zu oft dazu, den Ist-Zustand bewahren zu wollen. Nur die wenigsten haben das Format, ihre Freundin bei ihrem Sturm-und-Drang-Lauf nach oben zu unterstützen.

Zum einen erinnert Ihre Power Ihre liebste Vertraute daran, dass sie sich selbst nicht traut. Und bei aller Großzügigkeit, die jede Beziehung, gerade eine Freundschaft, tragen sollte, nagt ein solcher Vergleich am Selbstwertgefühl Ihrer Freundin. Nein. Sie sollen nicht auf Ihre »beste Freundin« verzichten. Sie sollen sich nur darauf besinnen, mit ihr über alles Mögliche, aber nicht ausschließlich und nicht zu ausführlich, über Ihre Karrierepläne zu ratschen.

Wenn Sie sich nicht sicher sind, dass diese Frau eine Ausnahme von der oben beschriebenen Regel ist. Tun Sie, was Sie wollen. Nehmen Sie sich, was Sie haben wollen. Aber zerquatschen Sie es nicht im falschen Moment mit einer – schicksalhafterweise – oft falschen Person.

Bisher haben Sie im Verlauf Ihrer Karriere schon häufig »richtig gute« Gespräche in Ihrem Unternehmen geführt, in denen Sie tough Ihre Meinung verkauft haben. In denen Sie Ideen verkauft haben. In denen Sie Anerkennung geerntet haben. Und Sie haben sicher Gespräche mit Ihrem Chef gehabt, in denen ein Versprechen für Ihr Vorwärtskommen erkennbar war. Und dann? Haben Sie meistens nichts Besseres zu tun gehabt, als schon aus Euphorie über so viel Gutes, das Ihnen beschert wurde, wie ein kleines Mädchen mit einer Kollegin darüber zu reden. Einfach weil Sie so etwas Schönes mit jemandem teilen mussten. Sonst wären Sie schier geplatzt.

Schlecht. Denn Sie haben damit nur eines ganz sicher getan: sich ausgeliefert. Für ein kurzfristiges Gemeinschaftsgefühl Interna preisgegeben, die nur für Sie bestimmt waren. Das Etikett einer Plaudertasche verdient. Ihren Weg nach oben zumindest zum Teil verbaut. Und sich handlungsunfähig gemacht. Und seien Sie ehrlich: Aus dem vorausgegangenen viel versprechenden Gespräch haben Sie selbst nichts gemacht. Sie haben es »l'art pour l'art« geführt. Will heißen: Sie haben es genossen, ein wichtiges Gespräch gehabt zu haben, dass in Ihnen positive Gefühle ausgelöst hat. Das hat Ihnen schon gereicht, damit haben Sie sich begnügt. Sie hüten es noch heute wie einen kleinen Schatz: »Es war sooo nett« – und sitzen immer noch an der Biegung Ihres Karriereweges nach oben. Sie haben sich klassisch blockiert. Und sind von Ihren Kolleginnen bereits überholt worden.

Von jetzt an orientieren Sie sich skrupellos an dem, was Männer ausnahmslos benutzen. Knüpfen Sie ein Netzwerk von Kumpeln, von Buddys. Im Gegensatz zu Männern, deren Seilschaften ausnahmslos aus Geschlechtsgenossen bestehen, dürfen Sie das eine oder andere männliche Exemplar zwischen Ihren weiblichen Bezugspersonen leben lassen. Männer stützen sich ausschließlich auf gleichgeschlechtliche Freunde, weil sie vor Frauen zu viel Angst haben. Im Beruf, versteht sich.

Von nun an unterteilen Sie Ihre Kolleginnen innerhalb und außerhalb Ihres Unternehmens in »Nette« und »Nützliche«. Die Netten können Sie in Ihrem erfolgsorientierten Denken sofort wieder streichen. Nettsein bedeutet fast immer Schwachsein. Nette Frauen in Ihrer beruflichen Umgebung können Sie sehr schnell ausmachen. Bei ihnen fühlen Sie sich sicher. Es gibt keine unterschwelligen Spannungen, kein Taxieren, keine kleinen, versteckten Nickeleien. Dafür bringt Ihnen das Gespräch mit ihnen auch nichts.

Die Netten bekommen grundsätzlich nicht mit, was um sie herum geschieht. Sie wirken wie Ahnungslose auf einer Insel der Glückseligen. Nette begnügen sich mit subalternen Jobs, weil sie nicht wissen, dass sie stärker sein könnten. Oder nicht wissen wollen, dass sie beruflich mehr auf die Reihe bringen könnten. Ein Manko, das keines ist. Unterschätzen Sie diese Frauen bitte nicht. In ihren Viten gibt es Bremsklötze, die Sie nichts angehen oder weise Erkenntnisse, die Sie zur Zeit nicht interessieren. Sie wollen jetzt und heute weiterkommen. Nur das zählt. Und: Das ist aller Ehren wert.

Benutzen Sie Ihren klugen Kopf. Erkennen Sie in den in Ihrem Arbeitsfeld vorhandenen »nützlichen« Frauen diejenigen, die Ihnen wirklich weiterhelfen können. Diese tun dies übrigens nicht, weil Sie in Ihnen eine »Nette« vermuten. Sie erwarten von Ihnen vielmehr, dass Sie in harter Währung zurückzahlen. Nein, Sie sollen nicht mit Bestechungsgeld durch die Welt laufen wie der Nikolaus mit den Nüssen. Sie müssen nur selbstbewusst erkennen, dass Sie den anderen Frauen genauso viel nützen wie umgekehrt. That's the name of the game.

Männer schenken sich auch nichts. Sie haben nur viel weniger Probleme damit, gegenseitig den Steigbügelhalter zu spielen. Frauen tun sich da schwerer. Die meisten sind entweder gewohnt, dass automatisch ein starker Mann diese Rolle einnimmt, weil sie unbewusst immer noch eine Frau als schwach einstufen. Oder sie sind sich zu fein, einmal für eine andere Frau die Drecksarbeit zu übernehmen. Zum Beispiel das geschickte Lancieren von Nachrichten und mutiges Platzieren von Gerüchten. Kurzum: Das Protegieren einer anderen Karrierefrau, die kurzfristig bei Chefs und Meinungsmachern positiv verkauft werden muss.

Suchen Sie also die Nähe von Frauen, die wie Sie begriffen haben, dass man bei dem Versuch, alles allein zu schaffen, schon im Vorfeld auf die Schnauze fällt. Meistens aus Erschöpfung. Treffen Sie sich mit den betreffenden Frauen und tun Sie es wie die Männer. Erkunden Sie die Vorlieben Ihrer zukünftigen Mitstreiterin. Männer arrangieren grundsätzlich anregende Gespräche in anregender Umgebung. Wenn es denn der Sache dient, landen sie auch im Schoß einer Prostituierten. Den werden Sie nicht kennen lernen müssen.

Aber wer sagt denn, dass Sie nur in neutraler Umgebung Business-Gespräche führen müssen? Sie werden ab jetzt das Angenehme mit dem Nützlichen verbinden. Sie sind kein Automat mehr, der fremdgesteuert durch die Berufswelt rollt. Sie sind jemand, der in einem exquisiten Umfeld auf die besten Ideen kommt.

Also, Date mit einer Kollegin vereinbaren. Tisch im besten, weil ihr liebsten Restaurant buchen, und am Abend locker ein Feuerwerk der guten Laune entzünden. Sie sollen so sein, wie Sie sind: witzig, eloquent, pointiert. Das Schöne dabei ist, Sie verschleudern Ihre Talente nicht bei einem Mann, der in Ihnen im Zweifelsfall gönnerhaft eine unglaublich unterhaltsame Fachidiotin sieht und daraufhin vielleicht noch am nächsten Tag bei seinen Kollegen erzählt, dass Sie »viel netter« sind, als er gedacht hat.

Sie empfehlen sich jetzt einer zukünftigen Mitstreiterin um Ihrer Sache willen als eine so genannte »gute Frau«. Eine Bezeichnung, die bis heute kein Mann in seiner Bedeutung verstanden hat. Das Gütesiegel, das Sie zum vollwertigen Mitglied Ihrer neuen Seilschaft macht. Sie können zum ersten Mal offen, frank und frei darüber sprechen, was Sie erreichen wollen. Denn die andere »gute Frau« weiss, wovon Sie reden. Sie definieren nichts weiter als deren eigene Ziele. Es ist legitim, Erfolg haben zu wollen und ihn mit allen Mitteln, den feinen und den fiesen, erreichen zu wollen.

Ihre Mitstreiterin wird Ihnen im Gegenzug die leichten Schuldgefühle nehmen, die Sie immer noch haben, wenn Sie auf Ihrem guten Recht bestehen. Aber das legt sich. Spätestens, wenn Sie Ihr drittes Treffen mit einer Frau aus Ihrer Seilschaft haben. Besprechen Sie mit ihr, wie sie Ihnen helfen kann. Sie werden sich wundern, wie effizient ein solcher Austausch sein kann.

Und sparen Sie sich Gesprächsausflüge über Details aus Ihrem und deren Privatleben auf. Möglich, dass Sie sich aus diesem Grund sozusagen einmal »privat« wiedersehen werden. Sie sind beide gestandene Businessfrauen, die Privates und Berufliches sehr genau trennen können. Sie beide haben keine Zeit zu verschenken. Vor allem keine private. Und Sie werden dennoch sehr erfüllt aus diesen Treffen gehen. Sie sind nämlich nicht mehr allein im Ringen um die Macht.

Von den Frauen Ihres Netzwerks können Sie im Vorfeld erfahren, wo welche Stellen neu besetzt werden. Welche Chefs demnächst ihre Abfindungen aushandeln, welche Kollegin gerade mit welchem Chef auf die Malediven jettet. Sie werden lernen, Ihr Gesicht zu einem Pokerface zu verschließen, wenn in Ihrem Unternehmen Halbwahrheiten als Top-News verkauft werden. Mehr ist der Schrott-Talk meistens nicht wert, der auf den Fluren gehandelt wird. Sie werden sich nie, wirklich nie mehr an den sinnentleerten »Wisst-Ihr-schon-das-Neueste«-Orgien beteiligen, und Sie werden von jetzt an Ihre angeblichen Freundinnen im Unternehmen knallhart instrumentalisieren. Wie man das macht?

Sie erzählen ihnen unter dem Siegel der Verschwiegenheit eine absolut erfundene Geschichte und beobachten von da an ganz genau, wo dieses Gerücht sich fortpflanzt. Sie können anschließend wie bei einem Suchbild aufzeichnen, wer mit wem kungelt. Wenn Sie deren Namen kennen, checken Sie deren Wichtigkeit für Ihre Pläne. Weil's so schön geklappt hat, schicken Sie Ihre »ach so gute«

Freundin dann mit einem wirklich für Sie nützlichen Gerücht ins Rennen. Sie müssen nur darauf achten, ein Eckchen perfider zu sein als sie selbst es ist.

Lassen Sie »Frau Wichtig« tuscheln, dass Sie ein Top-Angebot von der Konkurrenz haben. In ihrer unschätzbaren Boshaftigkeit wird sie es besonders gut rüberbringen, weil sie davon überzeugt ist, Ihnen so richtig schön schaden zu können. Belasten wir uns erst gar nicht mit der Frage, warum so viele Kollegen so abgrundtief böse sind. Entweder werden sie so geboren oder dazu gemacht. In beiden Fällen sind sie harmlos, wenn Sie sie im Griff haben.

Wenn Sie niemals im Pokerspiel um einen besseren Posten Ihr Ziel aus den Augen verlieren und das Fußvolk fest im Blick haben, können Sie zum Beispiel das Angebot einer anderen Firma, das Ihnen vielleicht eine Frau aus Ihrer Seilschaft geschickt hat, auf Ihrem Schreibtisch liegen lassen. Gut sichtbar, versteht sich. Sorgen Sie dafür, dass Ihre Kollegin es bei ihrem täglichen Schnüffel-Kontrollgang zu sehen bekommt. Wenn Sie eine Zockerin im Spiel um die Macht sind, können Sie es Ihren Frauen-Feinden auch ein wenig schwerer machen. Auch sie brauchen Herausforderungen.

Lassen Sie sich das Angebot per Fax in die Firma schicken. Wenn Sie mit einer Kollegin oder Mitarbeiterin der ganz üblen Sorte geschlagen sind, geben Sie dem Affen Zucker und erhöhen Sie damit deren Unterhaltungswert. Sie wird das Fax auf dem Pfad ihrer Bösartigkeit kopieren und Ihrer Freundin oder noch besser, gleich Ihrem Chef, zukommen lassen. Lehnen Sie sich entspannt zurück. Entweder wird man auf Sie zukommen und Sie hausintern höher stufen, damit Sie ja nicht gehen. Oder man wird Ihnen auf jeden Fall mit mehr Respekt entgegentreten. Nur der, der außerhalb des eigenen Hauses geschätzt wird, wird als ernst zu nehmende Fachkraft im eigenen Unternehmen hofiert. Andere Chefs können nicht ganz irren.

Geizen Sie nicht mit Ihren Reizen

FEIN: Präsentieren Sie sich als Wesen mit allen Facetten

Sie sind verheiratet. Natürlich glücklich. Sie leben in einer festen Partnerschaft. Natürlich glücklich. Sie sind ein Single. Natürlich glücklich. Sie haben die Ausgeglichenheit Ihres persönlichen Lebens in Ihr berufliches Leben integriert. Sie strahlen förmlich Zufriedenheit aus und gelten dabei mit Ihrem enormen Wissen und Können in Ihrem Unternehmen als klassische Kompetente.

Trotzdem ziehen weniger qualifizierte Kolleginnen in schöner Regelmäßigkeit an Ihnen vorbei, wenn besser bezahlte Jobs neu besetzt werden müssen. Trotz Ihres privat wie beruflich vollen Terminplans erreichen viele Gerüchte Ihr Ohr. Kollegin XY hat mit YX gepennt. Kollegin XX hat mit dem Chef ein Verhältnis ... Saudumm, finden Sie. Diese Variante kontinuierlichen Vorwärtsstrebens ist Ihnen verwehrt.

Nicht ganz. Wenn Sie sich Ihrer kostbaren Person nämlich ganz sicher sind, brauchen Sie durchaus nicht mit Ihren Reizen geizen. Nein. Keine transparenten Kleider, keine sexuelle Attacke auf Ihren so attraktiv wirkenden Chef. Passt es vielleicht in Ihre Vorstellungswelt, einmal darüber nachzudenken, ob Ihr Mann (oder Gefährte) nicht hin und wieder mal mit seiner Sekretärin oder der Vorzimmerdame seines Chefs flirtet? Im ersten Fall bettelt er vielleicht nur um einen Kaffee, im zweiten möchte er vermutlich einen

Termin beim Boss. Und warum verbieten Sie sich solch ein attraktives Auftreten für sich selbst? Weil Sie eine absolut integre und treue Person sind, sagen Sie? Bravo. Dazu sind Sie wahrscheinlich eine in ihren Ausdrucksformen stark eingeschränkte Person.

Gehören Sie wirklich zur Gruppe der ein klein wenig verklemmten Frauen, die man häufig unter dem großen Überbegriff »Ehefrau« beim Tanzen beobachten kann? Sie bewegen nicht ihren ganzen Körper, sondern zucken gelegentlich unentschlossen mit den Armen, um wissen zu lassen, dass sie wissen, sie befinden sich in einer Disco oder auf der Tanzfläche beim alljährlichen Weihnachtsfest. Während sich ihre weiblichen Single-Kolleginnen wie wild gewordene Go-Go-Girls verrenken und mit ausgeprägtem Sinn für den Augenblick auf sich aufmerksam machen, gehen Sie trotz Ihres auffallenden Edelfummels in einer Art grauer Einheitsbrei unter. Austauschbar. Langweilig. Angepasst.

Auch Sie berauben sich – in Ihrem Bestreben, unantastbar ehrbar zu wirken (ich weiß, Sie sind absolut integer) – jedes Ausdrucksmittels Ihrer Attraktivität, in der ein Höchstmaß an Kreativität steckt. In dem Moment, wo Sie Ihre Schranken und Barrieren abbauen, zeigen Sie auch äußerlich, was in Ihnen steckt. Eine inspirierende, unverwechselbare, einmalige, tolle Frau. Kollegen und Chefs können Sie nicht mehr übersehen. Denn Sie zeigen, wie Sie wirklich sind.

Auf diesem Stand der Entwicklung können Sie auch den bisher so krampfhaft vermiedenen Kampf mit Ihren erotischen Schwestern aufnehmen, die Ihren Chef schon etwas privater kennen. Sie wollen nichts von ihm – außer seiner Protektion. Und die wollen Sie nicht, weil Sie eine Lusche sind und sonst niemals weiterkommen würden. Seine Unterstützung wollen Sie, weil sie Ihnen zusteht. Weil Sie etwas können.

Also werden Sie ab jetzt als komplexe, als intakte Mitarbeiterin auftreten und nicht als leere Projektionsfläche für die Phantasien Ihrer Kollegen. Indem Sie sich nämlich als Frau ohne Unterleib gerieren, erlauben Sie anderen, Ihre erotischen Phantasien an Ihnen auszuleben. Wenn Sie mit allen Nuancen Ihres Wesens auftreten, gewinnen Sie Boden hinzu. Sie können alles sein, was Sie wirklich sind: charmant, verführerisch, kokett.

Haben Sie mal darüber nachgedacht, wie oft Sie erfolgreichen Männern das Attribut »charismatisch« verleihen? Charisma besteht aus allen Facetten eines Menschen. Und wenn Sie Ihre Sexualität ausklammern, um ja keinen Anlass zu Missverständnissen zu liefern, verhelfen Sie allen männlichen Chauvis zum Sieg.

Warum müssen Sie sich auf Ihrem Karriereweg als kastrierte Maus im grauen Kostüm mit weißer Bluse präsentieren? Denken Sie nicht im Traum daran. Ziehen Sie an, was Ihnen steht. Ziehen Sie an, was Sie mögen. Wenn das aus der Einheitskluft herausfällt, um so besser. Vielleicht stimmt gerade der Ton Ihres zart fliederfarbenen Angora-Pullovers Ihren Chef gefügig. Vielleicht lösen Sie angenehme Assoziationen in ihm aus und er hat dreimal Anlass, sich vorzustellen, ob Sie aufgrund Ihrer beruflichen Kompetenz nicht eine Etage höher gelangen sollten.

Merken Sie den Unterschied? Sie bestimmen die Grenzen der Verführung. Sie sind ihr nicht mehr ausgeliefert. Nicht die Schmuddelkompanie belästigt Sie mit sexistischen Übergriffen. Sie geben – getreu der guten alten Farbenlehre – Signale, und sei es mit der Farbe Ihres Blazers.

Überprüfen Sie gelegentlich in einschlägigen Fachbüchern, mit welchem Farbton Sie positive Gefühle provozieren.

Echauffieren Sie sich jetzt bloß nicht, dass Sie nur aufgrund Ihrer Kompetenz befördert werden wollen, blablabla ... Das ist die Grundlage, auf der wir uns mit Ihren Tricks beschäftigen. Wir reden jetzt über die Sahnehäubchen, mit denen Sie ein wenig davon ablenken, dass Sie vor allem die Kunst des Schwarzbrotbackens beherrschen – nämlich Ihr Handwerk.

Haben Sie einmal darüber nachgedacht, dass Ihnen früher die Tennis-Ikone Steffi Graf immer so unweiblich vorkam? Wie Sie reagiert haben, wenn Sie sie nach Turniererfolgen bei den anschließenden Pressekonferenzen im Fernsehen erlebten: wie sie mit nasaler Stimme hinter zusammengepressten Zähnen Nicht-Sätze ohne verbale Inhalte servierte. Seit einiger Zeit, zugegebenermaßen nach Beendigung ihrer Karriere, zieht sie mit ihrem André Agassi durch die Welt. Weich fallendes Haar, kurze Blümchenkleider wie in den seligen Flower-Power-Sechzigern und mit gelöster Stimme, die nicht im Rachen ihr Zentrum hat, unglaubliche Dinge sagend. Von Glück, Liebe und Partnerschaft. Wohlgemerkt, Frau Graf hat nicht ihr Gehirn durch die Liebe ausgeschaltet. Sie verkauft sich nur anders. Und Sie sollten es früher tun als Steffi, die mittlerweile so lädierte Knie hat, dass sie lieber von der Tribüne ihrem André zusieht, als selbst auf dem Platz zu stehen.

Sprechen Sie so, wie Sie es auch außerhalb Ihres Berufslebens tun: mit einer Stimme, die man nicht vergisst. Die unverwechselbar ist. Hören Sie auf, mit zusammengepressten Zähnen einen coolen Tonfall zu markieren, als würden Sie

Til Schweiger in einem seiner US-Streifen nachsynchronisieren müssen. Sie sind kein Macker. Auch wenn Sie noch so lange bei Ihren männlichen Kollegen abgeguckt haben.

Die sind nämlich nicht deshalb beim Chef so gut angesehen, weil sie so betont männlich sind, sondern weil sie – wenn sie erfolgreich sind – in vielen Situationen den Habitus ändern können. Von soft und harmlos bei der strengen Chefsekretärin bis kumpelhaft-angepasst, wenn der Chef mal eine weiche Minute hat.

Nur Sie kommen immer mit derselben Masche daher. Betont unweiblich, betont sächlich, um Kompetenz unter Beweis zu stellen. Sie haben sich damit fast achtzig Prozent Ihrer Ausdrucksmöglichkeiten beraubt. Beifall? Sicher nicht. So ein Verhalten ist nur ermüdend. Wer will sich schon jeden Tag mit einer grauen Maus auseinander setzen müssen? Und je höher Sie steigen, um so größer ist die Gefahr für Ihren Chef, dass er Sie sehen muss.

Also, werden Sie lockerer. Reden Sie inhaltlich klar und deutlich, und bauen Sie in der sprachlichen Präsentation Ihre üblichen Wortspiele und eleganten Schlenker ein. Sie wirken komplett. Endlich. Denken Sie immer wieder daran, dass die besten Mitarbeiter eines Chefs eines sind: Menschen. Und die haben beide Komponenten in sich. Männliche und weibliche.

Fies: Affäre mit dem Chef – nur zu Ihren Bedingungen

Montagmorgen. Sie sitzen im schnieken Kostümchen in der morgendlichen Besprechungsrunde. Noch ein wenig müde sehen Sie sich um. Sieben Männer, eine von den drei Frauen sind Sie. Was Sie in der laufenden Woche erwartet, wissen Sie. Viel Arbeit, frustrierender Leerlauf, mageres Lob – und jede Menge abgedroschener Sprüche. Darunter viele Witze, deren Pointen sich schon in den Anfängen von Alice Schwarzers heiligem Kampf gegen Chauvis und Simpel-Männer bewährt haben. Nach Meinung der Vortragenden.

Sie haben sich seit dem Start in Ihrem Unternehmen mühsam durch die Zotenrunden geschleppt. Mal mühsam mitgelacht (es gibt ja auch einige Treffer), häufig gequält gelächelt und hin und wieder mit einem empörten: »Das gibt's doch wohl nicht« Ihre Missbilligung gezeigt. Letzteres ist dummerweise die Lieblingsreaktion für Ihre männlichen Kollegen. Dann wissen sie: Es hat gesessen.

Ihre Kollegin, die vor kurzem den von Ihnen angepeilten Traumjob bekommen hat, war schon immer Ihr Lieblings-Hassobjekt: Ihrer Meinung nach lacht sie, schon jenseits der Schmerzgrenze, viel zu laut, trägt bei Besprechungen die tiefsten Ausschnitte und höchsten Hacken, geht häufig mit den männlichen Kollegen »einen trinken« und mit einigen noch ein wenig weiter: nämlich ins Bett. Indiskutabel, meinen Sie? Warum? Wenn Sie sich einmal kurzfristig Ihres kneifenden Benimm-Korsetts entledigen, daraufhin tief durchatmen können, versuchen Sie einmal, Ihre Kollegin mit anderen Augen zu sehen.

Sie ist Single, kann schlafen, mit wem sie will. Fühlt sich vielleicht in ihrem Körper wohl, kann dementsprechend Dekolletes bis zu den Knöcheln tragen und liebt halt derbe Scherze, über die sie herzhaft lachen kann. Ein Bild der Lebensfreude inmitten einer Schar ziemlich verkniffener Gewitterziegen, zu denen Sie doch nicht gezählt werden wollen, oder?

Überschlagen Sie dieses Kapitel, wenn Sie glücklich liiert sind, männliche Kollegen als trist gekleidete Staffage in Ihrem Berufsleben erleben und sich durch sexistische Witze belästigt fühlen. Wenn Sie aber längst begriffen haben, dass Sie sich der Erotik am Arbeitsplatz nur durch einen konsequenten Antrag auf ein Frührentnerinnen-Dasein entziehen können, sind Sie schon weiter, als ich dachte.

Vielleicht quält Sie beim Anblick Ihrer Kollegin mit dem lauten Lachen nur der Einsatz eines Erfolgs-Faktors: Sie ist clever. Das sind Sie auch. Bisher allerdings gebremst durch Ihre Unsicherheit, lässiger mit den Macken Ihrer männlichen Kollegen umzugehen. Nichts anderes sind deren unelegante Witze. Schlimm ist allerdings, dass das Spiel der bösen großen Buben immer noch gelingt: Die Sprücheklopferei ist ein probates Machtmittel. Schließlich ist es nicht so, dass die Herren nicht darauf verzichten könnten. Sie haben aber längst erkannt, dass nur ein einziger platzierter unanständiger Witz sämtliche Kolleginnen und Untergebenen zu einer Schar gackernder Hühner vereint. Die sich so herrlich leicht manipulieren lassen. Und sich – wie auf Knopfdruck – in genau der Weise echauffieren, die von den Männern gewollt wird.

Sie regen sich so über die Macho-Attitüden der Männer auf, dass Sie anschließend ganz furchtbar lange darüber reden müssen, so dass Sie zu strategisch erfolgreichem Handeln in Sachen eigene Karriereplanung unfähig sind. Und derweil die Männer in aller Ruhe ungestört nach oben ziehen lassen. Die Karawane der bestens ausgebildeten und mit größerer sozialer Kompetenz ausgestatteten Mitbewerberinnen zieht unterdessen – schön geschlossen – empört eine Etage unter ihnen weiter. Wohin? Ins Nichts.

Scheren Sie aus der Schar der Gerechten aus. Ich will Sie um Gottes willen nicht zum promiskuitiven Generalangriff auf alles, was Hosen an hat in Ihrem Unternehmen, anstacheln. Das Thema ist zu ernst für Ihr persönliches Fortkommen und – noch wichtiger – für Ihr persönliches Wohlbefinden. Ich möchte auch nur, dass Sie sich lösen von dem selbstgerechten Zorn, den viele Frauen am Arbeitsplatz ausleben. Er führt zu weniger als nichts und Ihnen wird überflüssigerweise auch noch ein Image verpasst, das vorne und hinten nicht stimmt.

Sie sind tough, couragiert und lebenserfahren. Mit jeder beruflichen Stress-Situation werden Sie spielend fertig. Sie helfen in jeder Krisensituation, lösen jeden Knoten im Gefühlschaos Ihrer Mitarbeiter. Sind locker, einfühlsam und nie um einen flotten Spruch verlegen. Sie praktizieren die Leichtigkeit des Seins. Scheinbar.

Doch wenn einer der vielen Verbalerotiker, die sich in allen Unternehmen erfolgreich über Wasser halten, einen seiner abgestandenen Prolowitze vorträgt, erstarren Sie innerlich zur Salzsäule. Verkrampft suchen Sie nach einer Fluchtmöglichkeit, auf das verbale Ausweichen folgt der körperliche Rückzug. Der Platzhirsch kann zufrieden sein.

Ab jetzt treten Sie sozusagen die Flucht nach vorn an. Ich will nicht, dass Sie wie Ihre Kollegin, Sie wissen schon, die mit den tiefen Ausschnitten, ein gewisses Behagen in solchen Stress-Situationen aufbringen. Auch sie ist sich vermutlich nicht darüber im Klaren, dass ein Teil ihres lauten Lachens ein Eingeständnis ist. Dass sie nämlich die Vormachtstellung jedes männlichen Kollegen akzeptiert hat und in eine Statistenrolle im hierarchischen Gefüge eines Unternehmens abgerutscht ist. Sie glaubt zwar, Brust raus, Bauch rein, dass sie die Hauptrolle spielt, ist aber nur eine Randfigur im Spiel um die Macht. Weil absolut berechenbar und deshalb harmlos.

Sie spielen tatsächlich den »leading part«, aber in Ihrer eigenen Inszenierung. Die geballte Chauvitruppe können Sie nicht per Hieb aus Ihrem beruflichen Umfeld herauskegeln. Sie müssen systemimmanent denken und handeln. Und da hilft es nichts: Sie müssen die Gockel links und rechts überholen. Nein, Sie sollen nicht die Meisterin der altbackenen Zotentruppe werden. Aber was hindert Sie daran, die Sprüche genauso zu bewerten wie jede andere dumme Bemerkung, die Sie sich jeden Tag anhören müssen.

Wenn etwa ein Kollege damit prahlt, dass er wieder mit dem wichtigsten Kunden der Firma ein ungeheuer wichtiges Gespräch geführt hat und dass der Kunde XY gesagt hat … Dann schalten Sie doch auch ab und denken sich Ihr Teil.

Lassen Sie die Sprücheklopfer auch beim Vortrag ihrer Schmierlappen-Witze förmlich an sich abprallen. Verblüffen Sie den einen, indem Sie mit wissendem Gesichtsausdruck einen besonders missratenen Scherz mit der Bemerkung quittieren: »Da stimmt doch, was mir Ihr Kollege erzählt hat. Über Ihren Witz wird schon in den oberen Etagen geredet.« Übernehmen Sie den Part der überlegenen Schiedsrichterin auf dem übersäten Schlachtfeld von vorgetragenen Idiotien.

Schauen Sie dem betreffenden Mann, der sich gerade wieder auf seinem bekannt hohen Niveau bewegt, geradewegs in die Augen und lassen Sie ein kleines Lächeln um Ihre Lippen spielen. Ich schwöre es Ihnen, das ist kein bisschen anstrengend und hat einen großen Effekt. Sie wirken wissend, ohne dass der Sprücheklopfer benennen könnte, in welchem Gebiet Sie sich so virtuos auskennen. Kann er auch nicht. Sie wissen es nämlich selbst nicht. Wichtig ist nur, dass er sich unbehaglich fühlt. Und irgendwo das Bild seiner entsetzten Mutter vor seinem geistigen Auge auftaucht.

Wenn Ihr Chef selbst zur Witzefraktion gehört, kann ich Ihnen ein erprobtes Mittel empfehlen. Sie können sich einen Vorrat an feministischen Witzen, die meistens in Kastrationsszenarien gipfeln, zulegen, und auf jeden Schmuddelwitz aus seiner Ecke einen der Ihren nachschieben. Erstens werden Sie die Genugtuung haben, dass Ihre Scherze die besseren sind (was keine Kunst ist), und zum zweiten wird aus Ihrem Spielchen schließlich eine Art Runninggag. Sein Coup geht ins Leere und er wird selbst in Ihrem Spiel zu einer Witzfigur.

Wenn Sie sich den Plan zurechtgelegt haben, einigen Karrierehürden durch gezieltes Hochschlafen in Ihrem Unternehmen auszuweichen, sollten Sie noch einmal sehr genau in sich gehen. Gewinnen können Sie niemals alles. Sollten Sie wie ein Automaten-Weibchen jegliches Gefühl abschalten können, nur zu. Dann könnten Ihnen einige berufliche Anstrengungen erspart bleiben. Sollten Sie aber zur überwiegenden Mehrheit der weiblichen erwerbstätigen Bevölkerung gehören, die sich in ihre Sexualpartner verlieben könnte, bleibt diese nicht sehr originelle Aufstiegsvariante für Sie tabu.

Nur sehr wenige Chefs schaffen den Spagat zwischen privatem Vergnügen und gleichzeitiger Versorgungstaktik für Sie. Seine Aufgaben sind viel zu kompliziert, als dass er den Überblick behalten könnte zwischen Ihrem wirklichen Können und Ihrer persönlichen Virtuosität. Er wird also im Zweifelsfall auch die Heckenschützen übersehen, die ihn, den Chef, zu Fall bringen wollen, wenn er auch nur daran denkt, Sie zu befördern. Sollten Sie sich, geblendet von der Machtfülle Ihres Geliebten, die ja bekanntlich sexy macht, auch noch in ihn verlieben, sind Sie angreifbar.

Unternehmenscontroller und Personalchefs raten dann meistens zu Rausschmissen, sprich Versetzungen in andere Abteilungen. Und raten Sie mal, wer dann seinen angestammten Platz räumen muss. Genau. Sie. Wenn Sie jedoch ein Auge auf einen Ihrer Kollegen oder eine Charge der mittleren Entscheidungsebene geworfen haben, können Sie mit einem von ihnen, oder meinetwegen auch mit beiden, machen, was Sie wollen. Das bisschen Spaß haben Sie sich schließlich redlich verdient.

Eines ist jedoch klar: Erzählen Sie nichts über seine traumhaften Fertigkeiten und Kenntnisse auf sehr speziellem Gebiet. Erstens werden Ihre Hyänen-Kolleginnen dann selbst auf ihn aufmerksam, und zweitens neiden Mitarbeiter nichts so sehr wie das erfüllte Sexualleben eines anderen.

Gut, Sie meinen also von sich selbst, dass Sie mit jedem möglichen Gefühlschaos kalt lächelnd klarkommen. Dann starten Sie eben eine Verführungsoffensive auf Ihren Chef. Präsentieren Sie sich kompetent-seriös in Ihrem Aufgabengebiet, und lassen Sie in seinem (oder Ihrem) Bett die Sau raus. Nutzen Sie den kurzfristigen oder auch länger bemessenen Domina-Effekt und halten Sie ihn um Gottes willen in Atem. Legen Sie vorübergehend sein rationales Denkzentrum lahm, und blockieren Sie es mit logischerweise verwirrenden Erinnerungen an Ihre Person.

Setzen Sie aber möglichst schnell zur Durchsetzung Ihres Karriere-Hoppings an. Immerhin droht immer ein Austausch Ihrer Person, entweder durch eine möglicherweise vorhandene Ehefrau, die ihren Mann zurückpfeift, oder eine andere Kandidatin im Postenpuzzle des Lebens. Versuchen Sie es erst gar nicht mit Erpressung Ihres Geliebten. Diese Abart des menschlichen Miteinanders beherrschen Chefs nämlich im Zweifelsfall besser als Sie. Ihnen angemessen ist eine gewisse suggestive Überredungstaktik, in der Sie ihn von seiner Cleverness überzeugen, wenn er Sie einen Rang höher einstuft.

Und dann: geordneter Rückzug. Möglichst unter beschwörendem Formulieren gängiger Floskeln wie: »Ich sorge mich so um dein Standing. Ich möchte nicht, dass dir unser glückliches Privatleben schadet.« Stellen Sie ihm indirekt in Aussicht, dass Sie später einmal die einmalig befriedigende Beziehung wieder aufleben lassen. Was Sie hoffentlich nicht tun werden. Denn bei einem Spiel, bei dem sich beide Partner auf gleichem Niveau bewegen sollten (in hoffentlich jeder Weise), ist der Grat der Übereinstimmung ein sehr schmaler. Wärmen Sie nichts auf.

Sollten Sie bei Ihrem amourösen Karriere-Kürlauf auf den Mann Ihres Lebens stoßen, gelten natürlich andere Regeln für Sie. Aber diese Variante wäre ein Kapitel in einem anderen Buch wert: Nämlich den adäquaten Partner fürs Privatleben zu finden.

Wie Ihr Boss Sie besser bezahlt und sich gut dabei fühlt

Fein: Stellen Sie Neulinge auf die Preiswaage

Ihnen bleibt auch nichts erspart. Gerade preschen Sie im gestreckten Galopp auf Ihr Karriereziel zu. Nichts und niemand kann Sie aufhalten. Exakt wie Sie arbeiten, geschliffen wie Sie im Vortrag sind, eingehüllt in die unerschütterliche Anerkennung Ihres Chefs.

Da lesen Sie unglücklicherweise zum ersten Mal in Ihrem Leben das unerträglich langweilige interne Firmenblatt, das Sie bisher kontinuierlich sofort nach Erhalt in den Papierkorb geschmissen haben. Sowieso schon eine unverzeihliche Dummheit, denn wir hatten uns doch schon darüber unterhalten, dass Sie meisterhaft zwischen den Zeilen lesen müssen. Vor allem in den kryptischen Informationen, mit denen ein Unternehmen nun mal seine Mitarbeiter abspeist. Aber egal.

Da steht also schwarz auf weiß – knapp gehalten, versteht sich – dass zum nächsten Ersten eine neue Kollegin antritt. Der Schock reißt Sie aus Ihrer so angenehm trägen Selbstzufriedenheit, und im nächsten Moment begreifen Sie auch warum: Die Neue gilt auf genau Ihrem Spezialgebiet als erstklassige Fachkraft. Eigentlich könnten Sie ja froh sein. Die Personaldecke ist schon seit langem zu dünn. Sie arbeiten sich fast tot, und die Stimmung im Betrieb ist dementsprechend mies. Aber in Ihrem Bauch – der Sitz Ihres wichtigsten Berufsratgebers: Ihrem Instinkt und Ihrer

Intuition– machen sich Schmerzen breit. Hier stimmt etwas nicht. Achtung, signalisiert er.

Jetzt machen Sie sich also endlich auf den Weg, um Einzelheiten zu erfahren. Wer ist sie, was kann sie, was will sie? Gut, dass Sie wenigstens den Kontakt zu einer Ex-Kollegin, die in das Konkurrenz-Unternehmen Ihrer Neuzugängerin gewechselt war, nicht ganz haben einschlafen lassen.

In einem längeren Telefongespräch, das Sie selbstverständlich nicht von Ihrem Firmenanschluss aus führen, erstellen Sie sich bitte ein möglichst exaktes Psychogramm Ihrer zukünftigen Kollegin. Wichtigste Information: Womit hat sie am meisten angegeben, als sie von ihrem anstehenden Wechsel zu Ihnen geprahlt hat. Die meisten Menschen haben nämlich eine psychologische Schwachstelle: Sie definieren sich über ihren Marktwert. Je mehr sie angeboten bekommen, um sich beruflich zu verändern, um so größer wird der Drang, den Ex-Kollegen, und noch wichtiger: den Ex-Chefs mitzuteilen, wie sehr man sie unterschätzt hat. Ziemlich dumm, denn sie zeigen damit ihren Ex-Auftraggebern nur, zu welcher Größe ihre persönliche Profilneurose angewachsen war und dass es gut war, sie ziehen zu lassen.

Ausgestattet mit dem Wissen um die Gehaltshöhe Ihrer neuen, sagen wir, Mitbewerberin um die Gunst Ihrer Chefetage, sollten Sie umgehend Ihren Chef heimsuchen. Unaufgeregt, pragmatisch wie Sie in schwierigster Mission immer agieren, und mit der von Ihnen gewohnten persönlichen Bescheidenheit, machen Sie ihn auf das Missverhältnis zwischen Ihrer Bezahlung und dem Ihrer neuen Kollegin aufmerksam.

Es wird ihn eigentlich nicht die Bohne interessieren, ob Sie sich ungerecht behandelt fühlen könnten, immerhin ist er im Augenblick viel zu sehr mit seiner Vorfreude beschäftigt, von der neuen Mitarbeiterin Wunderwerke zu erwarten. Schließlich weiß er, wie er sie geködert hat, und dass er dafür wohl den doppelten Rittberger von ihr erwarten darf. Mit Haltungsnote Eins.

Bleiben Sie dennoch beharrlich in Ihrer Argumentation. Schleifen Sie ihn – bildlich gesehen – auf die Mitte der Eisfläche und machen Sie ihn, wie immer mit Ihrer gewohnt angenehmen Stimme, darauf aufmerksam, was Sie derzeit für das Unternehmen leisten. Bringen Sie ihn ein wenig ins Schlittern, indem Sie anklingen lassen, dass auch Ihre Einsatzwut durchaus reduziert werden kann und dass auch Sie schon lange im Visier diverser Konkurrenz-Unternehmen stehen.

Auch Ihr Chef ist ein nachdenklicher und selbstverständlich hochintelligenter Marktbeobachter. Bewahren wir uns doch für einen Moment diesen Glauben. Zumindest weiß er sehr genau, dass Ihre neue Kollegin naturgemäß erst einmal eine Zeit der Eingewöhnung in die neue Arbeitsumgebung braucht. Selbst Überflieger landen unsanft auf dem Boden der Tatsachen, wenn sie am ersten Tag nach dem Weg zur Toilette fragen müssen. Und er kalkuliert auch ein – allerdings ziemlich widerstrebend –, dass selbst ihm einmal eine Fehleinschätzung unterlaufen könnte. Dass er jemanden einstellen könnte, der dann doch nicht ganz in sein Konzept passt. Natürlich eigentlich undenkbar. Fast unmöglich. Nahezu ausgeschlossen. Aber dennoch.

Sie kennt er. Bei Ihnen weiß er, wie er Sie ausbeuten kann. Sollten Sie ihn jetzt tatsächlich verlassen wollen, könnte sich für ihn ein Problem ergeben. Sicher nur ein kurzfristiges. Aber lieber ist ihm eine Fortsetzung seiner Erfolgsstory ohne größere Einbußen. Also werden Sie Ihre Forderung nach mehr Gehalt durchsetzen. Und bilden Sie sich darauf bitte nichts ein. Werden Sie dadurch nicht größenwahnsinnig. Nehmen Sie es als das, was es ist: ein Mittel zum Zweck – der Lebbarkeit Ihres persönlichen Daseins.

Verstehen Sie die Höhe Ihrer Bezahlung als ein persönliches Machtmittel. Um zum Beispiel bei Ihrer nächsten beruflichen Veränderung besser auftreten zu können. Die Zahlen auf Ihrer Gehaltsabrechnung sagen für Außenstehende etwas über Ihren Stand innerhalb Ihres Berufszweiges aus. Dahinter verbergen sich Anerkennung, Lob und Respekt. Selbst wenn Sie all das im persönlichen Umgang mit Ihrem Chef nie gespürt haben.

Wenn Sie jetzt sagen, der Weg zu mehr Bezahlung sei in Ihren Augen kein »feiner«, fairer, dann nehmen Sie bitte zur Kenntnis, dass beim Thema Geld jegliche Fairness endet. Sie werden nicht weiterkommen, wenn Sie Ihren Chef um mehr Geld »bitten«. Bitten ist für Mächtige eine andere Form von Schwäche. Sie können nur auf Unterstützung, egal in welchem Bereich, hoffen, wenn Sie dafür etwas hergeben. Meistens etwas von sich. Auch wenn es schwer fällt. Wenn Sie offen persönliche Schwächen eingestehen, von privatem Missgeschick berichten, sich in einigen Teilen Ihres komplizierten Seelenlebens entblößen. Nein, kein unterer Weg. Im Gegenteil der Beweis, dass Sie souverän sind. Gestatten Sie sich dies nur bei einem Chef mit Format. Keine Bange. Die gibt es. Wenn auch nur vereinzelt.

Die Achillesferse der meisten Prominenten, auch Ihrer Stars, ist immer die Höhe ihrer Gagen. Und das öffentliche Interesse daran. Im Gegensatz zum Verschwiegenheitswahn der Normalos ist das Wissen um ihre Einnahmen der Gradmesser ihrer Beliebtheit. Kein Tom Cruise, kein Bruce Willis kann es sich leisten, unter die Schallgrenzen zweistelliger Millionen-Dollar-Beträge – pro Film – zu rutschen. Sofort würden sie als Looser abgeschrieben. Ausnahme könnte die Mitwirkung an einem Low-Budget-Projekt eines überirdisch begabten Newcomer-Regisseurs sein. Damit beweisen die Kassenstars, dass sie den Sinn für die hehre Kunst ihrer Profession noch nicht ganz verloren haben.

Selbst dann jedoch handeln deren Agenten komplizierte Gewinnbeteiligungs-Modelle aus, die garantieren, dass ihre Schützlinge im Falle des zu erwartenden Erfolges doch noch auf ihre Kosten (und sie auf die ihren) kommen. Alle Top-Stars informieren sich sehr genau über die Verdienste ihrer Konkurrenten. Um die Nase vorn zu haben, erpressen sie – kaum haben sie eine stattliche Fangemeinde requiriert – ihre Produzenten. Immer nach dem Motto: Ich bin wer, wenn ich etwas wert bin.

Helen Hunt, inzwischen Oscar-gekrönt für ihre Rolle einer allein erziehenden Kellnerin im Gefühlsclinch mit einem Neurotiker, natürlich Jack Nicholson, zeigte sich extrem undankbar gegenüber ihren TV-Produzenten. Die hatten ihr mit einer Comedy-Serie über ein neurotisches Paar im noch neurotischeren New York erst den Boden für ihre Beliebtheit bereitet. Sie verlangte schließlich eine Million Dollar pro 45-Minuten-Folge, was erst zugesagt, dann widerrufen wurde. Ihr konnte es egal sein. Sie wusste, dass eine Nachfolgerin Schiffbruch erleiden würde und hatte außerdem den Wunsch, ihre Filmkarriere voranzutreiben.

Manche beliebte Kommissar-Duo-Darsteller, zum Beispiel im »Tatort«, erlebten plötzlich den Serientod, weil sie ihre Gagenforderungen zu sehr nach oben schraubten. Immer erfolgreich die, die ein zweites Angebot in der Tasche hatten. Lieben Sie auch so sehr die traurig-sanften Balladen von Xavier Naidoo? Der kämpfte lange darum, aus einem alten Plattenvertrag in einen anderen zu wechseln. Bis vor ein deutsches ordentliches Gericht musste er mit seinen Forderungen und Wünschen ziehen. Und in der Zwischenzeit war er lahm gelegt. Durfte keine CDs herausbringen und war in seiner Kreativität gebremst.

Sie sehen, genau wie Sie verkaufen sich die Top-Kreativen – schließlich sind die auch nichts anderes als Sie – am Anfang aus lauter Dankbarkeit über den Karrierestart viel zu schlecht. Selbst ein Megastar wie Filzball-Legende Boris Becker, der selbst geoutete »Fünf-Sekunden-Mann«, bewegte sich auf dünnem Eis, als er die Ställe wechselte. Die seiner Berater und Promoter, wohlgemerkt. Gut aufgehoben bei Branchen-Crack Ion Tiriac begab er sich unter die Fittiche von Axel Meyer-Wölden. Der inzwischen verstorbene Top-Rechtsanwalt tüftelte für ihn umgehend die denkbar besten Verträge, Mitbeteiligungen und einen hieb- und stichfesten Ehevertrag aus. Als er tragisch früh starb, ließ er einen zwar abgesicherten, jedoch beraterlosen Megamann zurück, der seitdem, so scheint es, vor allem einen verständnisvoll, menschlich erfahrenen Berater wie Tiriac dringendst gebrauchen könnte. Nicht selten kommt es eben auch auf das Timing an, wann man sich trennt. Von Beratern, Ehemännern – und Chefs.

Aus einem Grund sollten Sie aber auf jeden Fall von Prominenten lernen: Die wissen sehr genau, dass die Haltbarkeit ihrer Karriere zeitlich begrenzt ist. Dass sie handeln, sprich, verhandeln müssen, solange sie als Ware heiß gehandelt werden. Im besten Fall sind sie sich darüber im klaren, dass die Konkurrenz nachwächst und ihre große Zeit morgen schon vorbei sein kann. Eine theatererprobte Judy Dench, die als Königin Elizabeth in »Shakespeare in Love« erst einen Oscar kassiert, um dann noch einmal eine große Hollywood-Karriere hinzulegen, ist eine Rarität.

Jessica Tandy, die als zickige Alte in »Driving Miss Daisy« weit über achtzig endlich mit der goldenen Statuette ausgezeichnet wurde, hat außer viel Ehre vor ihrem Tod kein dickes Bankkonto mehr erspielen können. Also, kümmern Sie sich um Ihre Altersversorgung, solange Sie gut im Geschäft sind. Und achten Sie auf links und rechts. Zieren Sie sich nicht, mit härteren Bandagen an nützliche Informationen zu kommen. Nicht nur Politiker agieren manchmal hart am Rande der Legalität.

Nixons Verstrickung in den Watergate-Skandal hat ihn folgerichtig zu Fall gebracht, aber die Methoden, mit der seine CIA-Agenten vorgingen, gelten bei vielen Hollywood-Stars durchaus als erfolgserprobt. Die Coolness, mit der viele Agenten von US-Filmstars die Verhandlungen der Konkurrenz über eine neue Hauptrolle inklusive Gagenhöhe ausspionieren, liegt hart am Rande der Legalität. Und wären allemal die Grundlage zu einem Drehbuch. Für einen Thriller.

Fies: Machen Sie sich Freunde in der Buchhaltung

Sie ahnen schon, was jetzt kommt? Da bin ich gespannt. Ich will nämlich überhaupt nicht wissen, was Sie Monat für Monat wirklich ausgezahlt bekommen. Ich möchte wissen, was Sie verdienen. Alles das, von dem Sie glauben, dass es Ihnen zusteht. Dies wird nie deckungsgleich mit dem sein, was Sie auf Ihr Konto überwiesen bekommen. Und schon gar nicht wird es sich ausdrücken in dem, von dem Sie wissen, dass Sie es eigentlich haben müssten. Und das ist schlecht. Nicht wahr?

Es handelt sich um Respekt, Anerkennung und eine Bezahlung, die widerspiegelt, was Sie Ihrem Unternehmen wert sind. Wenn Sie jetzt an die Kluft denken, die sich zwischen Ihrem Vermögen – monetär und emotional – und der Leistung auftut, die Sie abliefern, könnten Sie sich die Haare raufen. Lassen Sie das lieber. Überlegen Sie, was nicht so ist, wie Sie es wollen. Am Anfang Ihrer Strategie muss immer exakt das aufgelistet sein, was Sie wollen. Was Sie wünschen. Wonach Sie verlangen. Niemand außer Ihnen selbst wird sich angemessene Gedanken darüber machen, was Ihnen eigentlich zusteht. Verständlich. Das sollte jede und jeder für sich selbst tun.

Sie verlieren schon in dem Moment, in dem Sie glauben, dass Ihr Chef oder Ihre Chefin es schon richten wird. Bezahlung, Stellung, Status. Warum auch? Die sind viel zu beschäftigt damit, über ihr eigenes Standing nachzugrübeln. Und glauben Sie mir, die schreien laut »Hier«, wenn wieder einmal über Sonder-Gratifikationen nachgedacht wird. Also: Was wollen Sie sein und was wollen Sie haben?

Nur wenn Sie selbst wissen, was Sie wert sind, können Sie überhaupt die richtigen Forderungen stellen. Es ist jetzt unerheblich, ob Sie gerade darüber nachdenken, Ihren Vorgesetzten um eine Erhöhung Ihrer Bezüge anzugehen. Lösen Sie sich einmal von dem für jeden abhängig Arbeitenden angstbesetzten Thema, nämlich dem Boss klarzumachen, dass eine bessere Bezahlung überfällig ist. Hassen Sie ihn so, dass Sie ihn unbedingt umbringen wollen? Schließlich kann es leicht passieren, dass Ihr Chef bei Ihrem Auftritt durch einen mittleren Lachanfall das Zeitliche segnet.

Formulieren Sie erst einmal das, von dem Sie allen Ernstes überzeugt sind: dass Sie klug sind, dass Sie gut sind, dass Sie ein Gewinn für das Unternehmen sind. So weit, so gut. Jetzt vergleichen Sie alles, was jeden Monat auf Ihr Konto überwiesen wird, die Menge der Streicheleinheiten, die Sie für Ihre Top-Leistungen einheimsen, und das verbale Lob, mit dem Ihr Chef Sie Tag für Tag überschüttet, mit dem, was sich in der Realität abspielt. Passen Sie nur auf, dass Sie bei der sichtbaren Schieflage nicht vom Hocker fallen. Niemand honoriert – in welcher Form auch immer – das, was Sie tatsächlich leisten. Sie treten also permanent in Vorleistung und Ihre Gläubiger – Chef, Kollegen und Mitarbeiter – kommen mit den Raten nicht nach.

Sie werden sich überlegen müssen, wie Sie deren Schulden eintreiben. Und da auch niemand freundlich zu Ihnen ist, wenn Sie Ihre Rechnungen nicht begleichen, werden Sie jetzt umdenken müssen. Es bringt Ihnen gar nichts, dezent mit zaghaften Andeutungen zu winken. Die werden in schöner Regelmäßigkeit schlicht übersehen. Wenn es Ihnen ums Pekuniäre geht, müssen Sie zunächst einmal auf Recherche-Tour gehen. Auch wenn es furchtbar unfein sein mag, über das eigene Gehalt zu sprechen, das Ihrer Konkurrenten müssen Sie kennen. Ihr eigenes, wir verstehen uns richtig, bleibt bitte nach wie vor geheim. Wie man das macht?

In jedem, buchstäblich in jedem Unternehmen dieser Erde, gibt es die so genannten Scheintoten. Das sind Mitarbeiter, die schon seit Urzeiten denselben Job – natürlich erstklassig – innehalten. Bevorzugt in Nischen, eine immer: die Buchhaltung. Es ist nie, wirklich nie verkehrt, neben dem Betriebsratsvorsitzenden die geheimen Schaltstelleninhaber der Macht zu kennen. Sprich: mit ihnen zu verkehren. Noch deutlicher: freundschaftlich zu verkehren. Wie Sie das anstellen?

Merken Sie sich zunächst einmal die Namen. Bekommen Sie heraus, wann sie Geburtstag haben. Die einzigen Daten eines jeden Unternehmens, die tatsächlich zugänglich sind. Was hindert Sie daran, dem Kundigsten zu seinem anstehenden Geburtstag zu gratulieren? Wenn Sie mittlerweile auf Ihrem Weg nach oben eine Frau mit Pokerface geworden sind, dürfen Sie sogar persönlich in die Buchhaltung gehen und Ihren – bitte nie zu üppigen – Blumenstrauß überreichen. Es gibt nichts Schöneres im Leben, als sich beliebt zu machen. Vielleicht können Sie bei der nächsten anstehenden Betriebsfeier einmal Ihren alten Impuls, sich möglichst an den wichtigsten Tisch zu quetschen, unterdrücken.

Erst einmal wirken Sie bei solch einem Unterfangen immer eklig aufdringlich – natürlich sind Sie es in Wirklichkeit gar nicht –, und zweitens sind in diesem Fall die hinteren Plätze die wirklich Wichtigen. Dort wird nämlich jeder, ja, auch der Chef, durch die Zähne gezogen, dass es nur so kracht. Endlich – und dabei hilft naturgemäß der Alkohol eine ganze Menge, kann einmal ganz offen darüber gesprochen werden, wie unmöglich der Anzug des zweitwichtigsten Mannes in der Hierarchie ist.

Und noch mehr Spaß macht es, über die extreme Gewichtszunahme des Top-Bosses zu lästern. Ach, Ihrer hat abgenommen. Magersüchtig. Steht nach drei Glas Prosecco (etwas Besseres gibt es bei internen Feiern sowieso nicht) felsenfest fest. Wie vom Psychologen in Stein gemeißelt. Kein Wunder. Der ist ja auch total überfordert …

Ah, da haben wir Ihre neue Freundin aus der Buchhaltung ja da, wo wir sie haben wollen. Jetzt braucht es nur noch geringer Anstrengung Ihres klugen Verstandes (mischen Sie sich bitte grundsätzlich immer Wasser in Ihren Wein), um die Dame dahin zu lenken, wo Sie sie haben wollen. Sie werden am Ende des Gesprächs einmal kurz auf der Damentoilette verschwinden, um auf einem Stück Klopapier, notfalls mit Ihrem Lippenstift, die exakten Zahlen zu notieren. Wovon? Von den Gehältern Ihrer Kollegen natürlich, die in vergleichbarer Verantwortung wie Sie tätig sind. So, Sie verdienen weit mehr? Dann kommen wir zu Ihnen später.

Sie aber stellen fest, dass Sie sich bei Ihren Gehaltsverhandlungen zu schlecht verkauft haben. Dann hilft es überhaupt nichts, auf sich selbst sauer zu sein. Blockiert nur und katapultiert Sie um Lichtjahre zurück. Damals konnten Sie vielleicht noch nicht anders agieren. Damals waren Sie noch nicht so weit, wie Sie es heute sind. Bewaffnet mit den konkreten Zahlen, können Sie sich gleich am nächsten Tag einen Termin bei Ihrem Chef geben lassen.

Eröffnen Sie die Rochade mit unverbindlichen Floskeln wie der artigen Formulierung Ihres Dankes für den schönen Abend, den Sie gerade mit ihm und den Kollegen verleben durften. Chefs entspannen grundsätzlich bei soviel Höflichkeit und ziehen sich in ihre behagliche Ignoranz zurück. Reißen Sie ihn heraus, indem Sie ankündigen, dass Sie etwas auf dem Herzen haben. So etwas lieben Chefs, weil sie endlich, endlich als Mensch angesprochen werden.

Sagen Sie ehrlich, wie Sie nun einmal sind, was Sie herausgefunden haben. Die Informationsquelle bleibt natürlich geheim. Aber machen Sie deutlich, dass Ihr Wissen Sie unendlich quält. Nach dem Motto, Sie hätten es lieber nie erfahren. Ehrlich. Aber dass die Kollegen XY so viel mehr verdienen als Sie, macht Sie so fertig.

Belegen Sie bitte die Höhe Ihres Schmerzes bis auf den Pfennigbetrag des Gehaltes Ihres betreffenden Kollegen. Das macht Eindruck, genauso viel wie Ihr stummer Hilfeschrei, den Sie nicht ausstoßen müssen. Glauben Sie mir, er gellt sowieso grell in den Ohren Ihres Vorgesetzten. Zum einen hasst er es, wenn solche internen Details zu Mitarbeitern gelangen, zum anderen hat er längst geschnallt, worauf Sie hinaus wollen. Und da Sie sich als profunde Stütze des Unternehmens schier unverzichtbar gemacht haben, weiß Ihr, genauso wie Sie, fähiger Chef längst, wohin der Hase läuft.

Also, sagen Sie nichts mehr, sondern schauen Sie nur recht bekümmert drein. Ihr Chef weiß bereits, dass er mit einer überfälligen Gehaltserhöhung für Sie zwei Dinge auf einmal schafft: Er stellt Sie ruhig, damit Sie um Gottes willen mit dieser Information nicht das feste Gefüge in seinem Unternehmen aufbrechen und zum Zweiten ahnt er, dass er damit Ihre Dankbarkeit erkauft. Lassen Sie ihn in dem Glauben, und gehen Sie nach erfolgreich geschlagener Schlacht erst einmal in Deckung. Denn Sie können sicher sein, dass Sie in der nächsten Zeit im Aufmerksamkeits-Visier Ihres Chefs weit oben stehen.

Immerhin macht soviel Mut zur Recherche zum Vorteil der eigenen Sache auch Angst. Weiß der Henker, was Sie, wenn Sie denn nur wollen, noch alles herausfinden könnten. Gleichzeitig erregen Sie seine Aufmerksamkeit als extrem cleveres Kerlchen. Halt eine Frau, die weiß, was sie will. Und es auch bekommt.

Aber zurück zu Ihnen, die eine der Glücklichen ist, die längst im Gehaltsstatus an den Kollegen vorbeigezogen ist – ohne dass Sie ahnten, dass Ihre früher so gefürchteten Kollegen für einen Hungerlohn arbeiten. Eine schöne Bestätigung, die Sie ausgiebig genießen sollten. Wenn Sie das getan haben, verspüren Sie vielleicht das dringende Bedürfnis, etwas für Ihr Seelenheil zu tun. Möglicherweise ein wenig an Ihrem Image zu basteln. Dann reicht es oft schon, mit dem gleichfalls erworbenen Wissen über Gehaltsstrukturen, Macken und Neurosen Ihrer Kollegen ein anders gelagertes Gespräch mit Ihrem Chef zu führen.

Sie sollten ihm klarmachen, dass Sie es grauenvoll finden, dass Sie solche Details überhaupt kennen. Bis hierhin läuft Ihr Gespräch also identisch mit dem, das eine bessere Bezahlung zum Ziel hat. Sie sollten aber – und das ist der Trick – mit nichts anklingen lassen, dass Sie etwas für sich wollen. Schon gar nicht eine Anhebung Ihrer Bezüge. Nein. Selbstlos wie Sie sind, machen Sie Ihren Boss nur elegant auf eine Schwachstelle in seinem Betrieb aufmerksam. Ehrensache, dass auch bei dieser Variante Ihre Informationsquelle geschützt bleibt. Soll sich doch Ihr Boss den Kopf darüber zerbrechen, wo sie ist und wer der Idiot ist, der geplaudert hat.

Jetzt fühlt er sich nämlich unbehaglich, ein bißchen so, als säße er im Glashaus. Aber da Sie nicht mit Steinen werfen, sprich, nichts für sich persönlich fordern, erschaffen Sie ihm Wände aus Stein, hinter denen er sich wieder verstecken kann. Sie aber erhalten die Weihen, die Sie bisher so schmerzlich vermissten: Anerkennung für Ihre Cleverness, die Sie ohne Zweifel längst verdient haben. Und Sie empfehlen sich für höhere Aufgaben. Schließlich haben Sie sich auf einem Gebiet profiliert, in dem Ihr Chef Meister ist: zu schweigen über die Ungerechtigkeit in seinem Laden.

Nutzen Sie Äußerlichkeiten – aus

Fein: Spielen Sie mit der Eitelkeit Ihres Chefs

Es gibt nichts Schöneres, als einen gut aussehenden Menschen in einer seinem Aussehen angemessenen Kleidung in einer exorbitant durchgestylten Umgebung zu erleben. Habe ich jetzt Ihren unmittelbaren Vorgesetzten in Ihrem täglichen Wirkungskreis detailgetreu beschrieben? Dachte ich es mir doch. Sie schätzen sich glücklich, jeden Tag aufs Neue von ihm in sein Büro gebeten zu werden, um die anstehenden täglichen Herausforderungen zu besprechen. Dass Sie dabei Ihre Atemwege bis zur Krampfhaltung ausschalten, um seinem dezenten Duftwasser auszuweichen, ist eine kleine Übung, die Ihnen locker gelingt. Schließlich ist er ein Schatz. Einfühlsam. Motivierend. Und fördernd. Ah. Da ist der Haken.

Nicht fördernd. Sondern fordernd. Sie rennen sich im Schweiße Ihres Angesichts die Hacken wund, um seine immer ein klein wenig neben der Sache liegenden Anweisungen zu erledigen. Und es stinkt Ihnen schon lange. Nicht wahr? Sie kommen nicht voran. Sie stagnieren. Sie wollen aber auf Teufel komm raus mit ihm auskommen. Sie wollen nicht dafür verantwortlich sein, dass endlich auch Ihre Chefs kapieren, dass sie einem Blender aufgesessen sind.

Gut. Dann rate ich Ihnen, die Zusammenarbeit mit ihm zu einer längst überfälligen Freundschaft aufzuwerten. Er ist ein Gockel, oder? Einer, der sein mangelndes Können mit einer dicken Politur vermeintlicher Lebensart und diesem gewissen Laisser-faire verbrämt. Bei dem niemand mehr durchschaut, ob er eigentlich jemals etwas gebracht hat, einfach, weil es schon so lange her ist. Sie werden sich jetzt erst einmal mit ihm beschäftigen. Von vorne bis hinten. Von oben bis unten.

Ein zart roséfarben getöntes Hemd mit weißem Kragen? Supertoll. Das haben Sie schon lange im Auge gehabt, um es Ihrem Bruder zu schenken. Der hat in etwa die gleiche Figur wie Ihr Abteilungsleiter. Dies werden Sie letzterem bitte bei der nächsten morgendlichen Besprechungstour als Gesprächsthema aufs Auge drücken.

Und wenn Ihr Boss doch so clever ist, Einzelheiten über Ihr familiäres Goldstück erfahren zu wollen, werden Sie als Nächstes ein Foto aufstellen. Ob das Ihr Verflossener oder Ihr Schwarm aus Ihrer Daily-Lieblings-Soap ist, egal. Nehmen Sie nur nicht Robert Downey Junior, auch wenn der Ihnen als Ally McBeals Neuer noch so sehr gefällt. Dessen markantes Gesicht und die Beichte seiner Drogenprobleme könnten zu bekannt sein.

Ab jetzt wird Ihr »Bruder« der Fleisch gewordene Albtraum Ihres bisherigen Nervtöters. Sie werden nämlich für ihn die Geschäfte erfragen, wo Sie für ihn einkaufen können. Socken in Kniélänge, die Ihr Boss natürlich stilsicher wie er ist, trägt. Die unnachahmlich artifiziell gestaltete Krawatte sowieso. Der Gürtel, der aussieht, als wäre er der Hermès-Klassiker, keine Frage. Verwickeln Sie den Mann, der Ihnen so lange mit seiner Selbstverliebtheit auf den Keks ging, in aufreibende Gespräche über sich selbst. Binden Sie ihn mit gefälligen Komplimenten, bis ihm die Nerven für seine tägliche Aufgabenliste für Sie fehlen.

Geizen Sie intern nicht mit charmegetränkten Äußerungen über das so angenehme Verhältnis zu Ihrem Mittel-Etagen-Entscheidungsträger, bis er auf das reduziert ist, was ihn ausmacht. Eine perfekte Hülle. Dass Sie in der Zwischenzeit genauso effizient weiterarbeiten wie Sie es bisher getan haben, ist selbstverständlich.

Lenken Sie auch die Aufmerksamkeit der wirklich Mächtigen in Ihrem Unternehmen auf diesen Mann, der sich so enorm viel Zeit nimmt für seinen persönlichen Auftritt. Vergleichen Sie ruhig seine Aura mit der eines Bundeskanzlers. Der sich gleich zu Beginn seiner Amtszeit in einem erstklassigen Brioni-Anzug fotografieren ließ, um damit zu verdeutlichen, dass er der Kanzler aller wertebewußten Menschen ist. Die wissen, dass in einem erstklassigen Zwirn auch immer ein parkettsicherer Weltmann steckt. Dass dem Vertreter einer Arbeiterpartei dabei die Wogen ehrlich empfundener Empörung aus der klassenbewussten Wählerklientel um die Ohren schlugen, können Sie in diesem Fall getrost weglassen. Schließlich dürfen Sie sicher sein, dass die Mächtigen in Ihrem erfolgreichen Haus genau dies selbst gespeichert haben.

Sie selbst halten es eher mit der Gattin des eleganten Kanzlers. Die nie hat vergessen lassen, dass sie vor ihrer Eheschließung als allein erziehende Mutter mit kargem Budget auszukommen hatte. Dass sie sich in der kleinen Nähstube »Hanni & Erika« am Münchner Rosenkavalierplatz bescheidene Kleidung auf den grazilen Leib schneidern lassen musste. Und auch diesen gemeinhein als Luxus eingestuften Vorgang nur der Not gehorchend bezahlte. Für ihre kleine Größe war einfach nichts Passendes in den gängigen Damenabteilungen von Kaufhäusern oder gar Boutiquen zu finden.

Sie müssen nun nicht zu Kanzlergattin Doris Schröder-Köpfs Ex-Nähstübchen pilgern, um sich adäquat zu verhüllen. Bleiben Sie nur immer schön ein bescheidener Kontrast zu Ihrem vielleicht einen Tick zu selbstverliebten Boss.

Und nun, da Sie ja total fair weiterkommen wollen, schaffen Sie sich eine kleine Trittleiter, um mit Ihrem Abteilungschef auf gleicher Ebene zu kommunizieren. Sollte er tatsächlich so eitel sein, dass er Sie auf Ihr Bitten zu einem seiner Shopping-Bummel mitnimmt, um so besser. Sollte er dazu zu viel Standesdünkel haben, klappern Sie halt allein alle Läden ab, die er Ihnen genannt hat.

Kaufen Sie absichtlich zu große Teile ein und klagen Sie ihm Ihr Leid. Dass Sie nun in das Geschäft XY zurückgehen müssen, um das Hemd für Ihren Bruder umzutauschen. Oder noch besser: weil es ihm nicht gefallen hat. Und dass Ihnen das ganz ungeheuer peinlich ist. Dass Sie sich nicht trauen. Und ob er nicht vielleicht doch einmal mitkommen könnte, um Ihnen zu helfen. Wirklich nur dieses eine Mal.

Laden Sie ihn zum Dank für seine enorme Freundlichkeit zu einem Kaffee, einem Drink, einem Mittag- oder Abendessen ein, und bringen Sie recht beiläufig Ihre längst gewünschte Beförderung (Versetzungs-/Gehaltserhöhungs-/Zimmertausch-) Problematik ins Gespräch. Plaudern Sie sich dabei nicht um Kopf und Verstand. Nutzen Sie nur einfach die völlig veränderte Gesprächssituation zu ihren Gunsten. Er wird, noch im Hochgefühl seines Umtausch-Aktion-Erfolges, zugänglicher sein für alles, was Sie bewegt.

Gemeinsame Hemdenpräferenzen verbinden. Solch ein erhebendes Gefühl des schrankenlosen Miteinanders verbindet sonst nur Männer. Aber Sie haben ja einen »Bruder« und gehören damit fast ein wenig dazu. Also kann man(n) sich auch einmal mit den Nöten einer Mitarbeiter*in* so beschäftigen, als sei sie ein Kerl. Ein größeres Kompliment kann man Ihnen nicht machen. Glauben Sie mir. Er wird Ihnen helfen, und Sie werden in Zukunft mit warmer Hochachtung von Ihrem Chef sprechen, der den Blick für die Nöte der kleinen Leute noch nicht verloren hat. Und zum Beispiel in ein größeres Büro ziehen.

Fies: Stellen Sie Gockel, wohin sie gehören – auf den Misthaufen

Es ist 8.30 Uhr. Auf die Sekunde genau betritt Ihr Abteilungsleiter den Flur. Wie immer ein Anblick für die Götter. Maßgeschneidert wirkender Anzug, selbstverständlich mit Weste. Die Schuhe tadellos geputzt. Weder Spitze noch Ferse abgetreten. Die Farbe der Socken eine perfekte Ergänzung zum Grau des Anzugstoffes. Die Krawatte über dem blütenweißen Hemd im Windsor-Stil geknotet. Ein Mann ohne Fehl und Tadel. Bis er den Mund aufmacht.

Während er Ihnen mit betont lässiger Geste eine Umlaufmappe auf den Schreibtisch wirft, gibt er im üblichen harten Tonfall knappste Anweisungen. Wie, was, wann. Sie sind beeindruckt und fürchten sich ein bisschen. Richtig gruselig ist Ihnen zumute. Ihre tägliche Rocky-Horror-Picture-Show, die Sie jetzt schon seit einem Jahr ertragen. Genauso lange gibt Ihr Vorgesetzter einen dynamischen Manager, der seine

Abteilung voll im Griff hat. Wann immer Sie mit ihm zu tun haben, klopft Ihr Herz bis zum Hals und Sie spüren Schweißtropfen auf Ihrer Stirn. Selbst wenn die, Gott sei Dank, nur in Ihrer verstörten Phantasie rinnen, hier sollten Sie kurz einen Augenblick der Besinnung einschieben.

Zum einen machen Sie sich bitte erst einmal klar, dass Ihr Abteilungsleiter in allererster Linie ein Kollege ist. Es ist an Ihnen, die Zeitgeist-Sprüche, mit denen man Sie malträtiert, ernst zu nehmen. Teamwork ist so einer der zu Tode genudelten Versuchsbegriffe seminargeschulter Chefs, aus ihren Angestellten noch mehr herauszuholen als die Einpeitscher auf den Galeeren.

Teamwork heißt nämlich nicht, aus einer Gruppe von motivierten Tätigen eine eingeschworene Truppe zu schweißen, die sich im Zweifelsfall positiv ergänzt. Vielmehr wird in der Regel eine Anzahl von Individuen aufeinandergehetzt, die sich gegenseitig gnadenlos kontrollieren und im geeigneten Moment ausscheren, um dem Chef zu verdeutlichen, dass es ganz allein ihrer guten Idee zu verdanken ist, dass es das gewünschte Projekt überhaupt gibt.

Der schöne Begriff Dialektik umfasst genau das, was Sie jetzt anwenden. Sie nehmen die Schlagworte, mit denen man Sie im Betrieb zudröhnt, ernst. Etwas Machiavellischeres gibt es nicht. Sie fahren damit gut. Nämlich auf der Überholspur. Ihr manisch dynamischer Abteilungsleiter wird in Zukunft von Ihnen nicht mehr gefürchtet, sondern geachtet und geehrt, ja, fast geliebt. Als Bruder im Geiste, der genau wie Sie nur eines will: den Erfolg. Selbstverständlich den des Unternehmens.

Nun wenden Sie das so Verinnerlichte auf Ihren unmittelbaren Vorgesetzten an. In seinem Erfolgsstreben ist er

Ihnen absolut gleichgestellt. Er ist nichts ohne Sie – aber Sie eine ganze Menge ohne ihn. Welche Truppen sollte er befehligen, wenn Sie den Dienst verweigern? Ziehen Sie erst einmal Kraft aus dieser Erkenntnis.

Und dann entledigen Sie ihn in Gedanken all des Brimboriums, mit dem er sich eine Aura geschaffen hat. Nein und noch mal nein. Von mir werden Sie nie das »Go« dazu bekommen, Ihren Chef bis auf die Unterhosen auszuziehen. Weder in Ihrer Fantasie noch in natura. Beides sollten Sie sich für andere Momente aufsparen. Ich will, dass Sie seine beeindruckende Fassade einmal genauer unter die Lupe nehmen. Warum glauben Sie eigentlich, dass sein Anzug maßgeschneidert ist? Genau. Weil Sie es sich so denken. Weil Sie es annehmen. Weil Sie glauben, dass es so ist.

Genau das will er auch erreichen. Zunächst einmal gibt es heute schon bei H&M Herren-Outfits, die einem Cerruti oder Armani die Tränen ins Auge treiben. Und zwar Tränen des Neids. Was Ihr Kollege nur bis zur Perfektion getrieben hat, ist die schöne Lässigkeit des Scheins. Er nutzt Ihre Abteilung als Bühne des gemeinsamen Unternehmens. Und das ist eine Kunst, wegen der Sie ihn nicht hoch genug achten können. Vor allem: beachten können. Von ihm können Sie lernen. Ärgern oder neiden oder noch schlimmer, Angst haben, sind destruktive Gefühle. Und jedes Gefühl, das Sie empfinden, strahlen Sie auch wieder aus. Ihre negativen Empfindungen lassen Sie hässlich, grau, und – das schlimmste – verkniffen aussehen.

So sehr Sie Angela Merkel möglicherweise lieben, Ihre modische und frisurentechnische Zwillingsschwester wollen Sie doch nicht werden. Selbst diese toughe Lady hat nach vielen Abwehrversuchen endlich einen schlichten

Ratschlag beherzigt: eine weichere Frisur ohne verschnibbelte Ponyfransen und Klamotten, die nicht ausehen, als stammten sie direkt aus den Restbeständen eines überholten Armeefundus. Gut.

Wenn Sie also begriffen haben, dass Sie Ihre Erwartungen und Unterstellungen in das Aussehen Ihres Abteilungsleiters projiziert haben, nehmen Sie sich einmal seine Körpersprache vor. Dachte ich es mir doch. Er geht so aufrecht, als habe er ein Stück Stahl ins Rückgrat implantiert bekommen. Eher unwahrscheinlich, dass dies der Realität entspricht. Also, versuchen Sie einfach einmal seine Haltungsneurose zu übernehmen. Nur Mut. Strecken Sie sich zu voller Größe, so zierlich Sie auch sein mögen, und halten Sie Ihren Kopf ganz bewusst sehr hoch. Nicht dass Sie über den im Unternehmen geduldeten Dackel der Sekretärin stolpern, nur gerade so weit, dass Sie sich Ihres kostbaren Gutes bewusst werden: Ihrer körperlichen Ausdruckskraft.

Die meisten Ihrer Kollegen machen sich automatisch kleiner als sie sind. Um etwa nicht größer als der klein gewachsene Chef zu sein, um ja nicht als zu selbstbewusst zu erscheinen oder weil sie einfach fix und fertig sind. Alle Gründe sind falsch und für Sie völlig indiskutabel.

Sie sind so wie Sie sind. Und damit fertig. Sie dürfen kein Partikelchen davon verleugnen. Denn mit jedem Zentimeter, den Sie verschleudern, negieren Sie sich. Also ziehen Sie etwas an, das passt. Nichts, das Sie ewig herunter- oder heraufziehen müssen. Ihr Abteilungsleiter macht es Ihnen doch vor. Selbst wenn sein Anzug vielleicht nur 140 Mark gekostet hat, trägt er ihn wie das kostbarste Luxus-Outfit. Weil er ihn ausfüllt. Und das machen Sie jetzt auch.

Goldene Regel: Ihre Schuhe müssen perfekt sein. Imme in einwandfreiem Zustand. Sie könnten nackt sein, der gesellschaftlich versierte Kenner wird dennoch erst auf Ihr Schuhwerk starren, weil in den so genannten besseren Kreisen die Qualität des Menschen nach der Beschaffenheit seines Schuhwerks beurteilt wird. Warum?

Fragen Sie Prinz Charles. Der wird Ihnen aber auch nicht mehr sagen können, als dass es so ist, wie es ist. Vielleicht weil so viele Menschen glauben, es sei egal, worin sie herumtrampeln. Aber der ungeschriebene Code unter Society-Leadern sagt: Wer sich um das scheinbar unwichtigste Detail seiner Kleidung noch verantwortungsbewusst kümmert, kann nicht ganz schlecht sein.

Ich habe Prinz Charles bei einem Polo-Turnier in Windsor getroffen. Der strömende Regen sorgte für das sportliche Aus, so dass Ex-König Konstantin von Griechenland samt Gattin, Sohn Paul und bildschöner Schwiegertochter Chantal (plus Nachwuchs) den englischen Thornfolger im üppig ausgestatteten VIP-Zelt erwarten konnten. Die runden Tische, an denen sich die Crème der Society versammelt hatte (alle in makellosen Label-Outfits), waren mit weißen Decken geschmückt, darauf erstklassiges Porzellan für einen mehrgängigen Lunch.

Nach dem zweiten Horsd'œuvre schob sich der Windsor-Sproß durch einen von zwei Zeltbahnen verdeckten Seiteneingang. Schmal, gute Figur, First-Class-Polohemd, keinen Pullover trotz der Regenkühle, weiße, eng anliegende Hosen und Stiefel, die zwar den Matsch des durchweichten Bodens per Sohlen auf den weißen Plankenboden trugen, aber darüber erstklassig gewienertes Leder. Gerade so, als habe sein Adjutant noch eben auch die winzigsten Grasstücke einzeln abgepult. Seine beiden Söhne, Prinz William und Prinz Harry, der alle erreichbaren Zuckerverpackungen in kleinste Stücke zerrissen hatte, um sie säuberlich nebeneinander zu legen (ein Fressen für jeden Psychologen), waren eine Miniaturausgabe ihres dem Anlass perfekt entsprechenden Vaters. Nix mit vermatschten Tretern.

So ausgestattet (dem Anlass entsprechend natürlich *nicht* in Polostiefeln) latschen oder schlurfen Sie nicht mehr über den Flur Ihres Betriebes, sondern Sie gehen ganz bewusst. Auf dem Boden der Tatsachen sozusagen. Und jetzt üben Sie noch einmal in Gedanken, wie Sie demnächst sprechen. Nein, nicht so unhöflich wie Ihr Abteilungsleiter und schon gar nicht so hart. Ihre Kollegen und Mitarbeiter, gar Untergebene, sollen Sie nicht als knochenharten Feldwebel verehren, sondern Sie dafür bewundern, wie smart Ihr Auftritt ist.

Das ist nämlich das Nächste, was Sie verinnerlichen sollten. Dass Sie nicht mehr nur auftreten, um irgendetwas zu sagen, sondern dass Sie Ihren Auftritt, bei dem Sie etwas rüberbringen wollen, genießen. Je bewusster Sie hereinschneien, um so weniger wird man Sie übersehen. Was Sie von Ihrem Vorgesetzten, dem alerten, abkupfern können, ist das Zelebrieren von Macht. Und das Bewusstsein, dass Sie in dem Moment eines gelungenen Auftritts von Ihrer eigenen Wirkung überzeugt sind. Und damit andere überzeugen.

Früher haben Sie vielleicht geglaubt, es genüge, das bessere Argument zu haben, um sich durchzusetzen. Dann können Sie genauso gut auch in Schönheit sterben. Niemand klatscht Ihnen Beifall, nur weil Sie Recht haben. Wenn Sie es aber so verpacken, dass ein Teil Ihrer Ansprechpartner noch damit beschäftigt ist, über Sie als Ereignis nachzudenken, haben Sie die etwas schneller schaltenden Bedenkenträger Ihres Unternehmens schon beeindruckt. Aber immer alles schön wohldosiert. Das kennen Sie doch von Ihrem Vorgesetzten, dessen allmorgendlichen Auftritt Sie jetzt schon seit einiger Zeit in Gedanken immer wiederholen. Als hätten Sie bei Ihrem Videorecorder auf Repeat gedrückt.

Haben Sie nicht schon längst gemerkt, dass er manchmal Kunstpausen einlegt, so, als wolle er Ihnen die Möglichkeit geben, noch einmal über das eben Gesagte nachzusinnen? Nein, er denkt keineswegs, dass Sie blöd sind. Sie haben nur in Ihren Panikattacken, die Sie bestürmten, sobald er seinen Rundgang startete, gleich befürchtet, er wolle Ihnen was. Was denn?

Warten Sie doch erst einmal ab, was er eigentlich sagt. Hören Sie nur einmal ganz genau zu. Es ist immer dasselbe. Sie sollen etwas tun, um ihm die Arbeit zu erleichtern. Und damit Sie auch recht schön rotieren, schiebt er ab und zu bedeutungsvolle Pausen ein, um zu verschleiern, dass nichts substanziell Wertvolles verkündet wurde.

Was hindert Sie daran, seine Worte einmal in aller Ruhe zu durchdenken und auf die Anordnung »So und so und so« zu antworten: »Das finde ich jetzt hoch interessant. Könnten Sie mir dies noch einmal verdeutlichen?« Es wird ihn total aus dem Konzept bringen, denn das seine lautet schlicht: »Eindruck schinden.« Zwingen Sie ihn auf Ihr Niveau hinauf und reden Sie mit ihm von Mensch zu Mensch.

Sie wissen von sich ganz genau, wie viel Sie auf dem Kasten haben, und es gibt keinen Grund, noch nicht einmal seine manirierte Sprechweise, dass Sie einen Moment daran zweifeln. Also, nehmen Sie ihn ganz furchtbar ernst und stellen Sie ihm ernst gemeinte Fragen. Sie sollen ihn nicht vorführen. Wo kommen wir denn da hin? Sie sollen ihn nur ernst nehmen. So ernst, wie Sie eigentlich alles nehmen, was Sie selbst tun. Seine Spielchen sind für Sie zu seicht.

So gestärkt, packen Sie Ihr fachliches Know-how in eine gedachte Gucci-Tasche (falls Sie Goldpfeil bevorzugen, nur zu). Ich möchte nur, dass Sie nicht wie früher denken, Ihre Gedanken, Taten und Vorschläge wären in einer Aldi-Tüte gut aufgehoben. Gehen Sie mit Ihren 1a-Vorschlägen in der gedachten 1a-Verpackung auf Überzeugungstour und bringen Sie sie im geeigneten Moment an.

Die Falle, in die am häufigsten getappt wird, ist die zu glauben, dass die eigenen Vorschläge eigentlich nichts wert sind. Glauben Sie zunächst einmal selbst an deren Durchschlagskraft. Ich wette, dass Sie schon oft unter den unqualifizierten Äußerungen Ihrer Kollegen gelitten haben. Die aber mit so viel Sicherheit vorgetragen wurden, dass Ihnen schwindelig wurde.

In einem will ich Ihnen Recht geben: Sie sind nie davor gefeit, dass einer der Entscheidungsträger Ihres Unternehmens Ihre noch so erstklassigen Ideen so rüde abbügelt, als hätten Sie ihm einen unsittlichen Antrag gemacht. Das, müssen Sie wissen, hat nichts, aber auch gar nichts mit Ihnen zu tun. Es kann damit zu tun haben, dass Ihr Vorschlag einfach zu gut war. Dass er nicht akzeptiert werden konnte, weil er Sie im Moment des Vortrags zu mächtig gemacht hätte. Weil Sie zu sehr geglänzt hätten – nicht, weil Sie nicht abgepudert waren, sondern weil Sie zu gut waren. Sie müssen hinnehmen, dass Ihr Vorschlag später als Idee eines Höhergestellten zu höchsten Triumphen führt (denen des Vorgesetzten, klar), dass Sie vermeintlich leer ausgehen.

Es kann aber auch sein, dass Sie einfach (Besprechungen dauern grundsätzlich lange, um als fundiert zu gelten) zehn Minuten später mit genau demselben Vorschlag als Siegerin vom Platz gehen. Sie müssen nur überzeugt sein, dass er gut ist. Und Sie müssen so gnadenlos motiviert sein, um ihn gebetsmühlenartig zu wiederholen.

Ach ja, und wenn Sie die Möglichkeit haben, bei einem gezielten Minivortrag Ihren Platz zu verlassen und Ihre fantastischen (und fantastisch geputzten) Schuhe bei einem kleinen improvisierten Rundgang zu präsentieren, ist sowieso alles geritzt. Probates Mittel: ganz unbewusst einen Fuß über den anderen stellen. Wenn das nicht hilft, einfach selbst einmal gezielt nach unten gucken und ein bisschen auf und ab wippen. Hat hypnotische Wirkung. Sie dürfen dabei auch einen kleinen Ausfallschritt machen. Wirkt ungemein locker – und damit souverän.

Beinahe hätte ich vergessen, dass Sie schon lange auf den Posten Ihres Abteilungsleiters scharf sind. Weil Sie einfach besser qualifiziert sind, meinetwegen auch, weil es so nervt, von ihm immer von der falschen Seite dumm angequatscht zu werden. Dann fangen Sie als Erstes damit an, ihm ein Kompliment zu machen: »Ihr Anzug ist fantastisch. Spitzenklasse. Armani?« Sie werden erleben, dass er rot anläuft. Zwei Gründe können ursächlich sein: Sein Outfit ist von Armani und er fühlt sich als eitles Männchen decouvriert, oder es ist von H&M, und er möchte am liebsten im Mauseloch eines ertappten Möchtegern-Verschwenders verschwinden.

Als nächstes werden Sie einige Zeit später zu ihm sagen: »Ich war gestern bei Klamotten-Anton (Insider-Jargon für C&A). Da hing Ihr Anzug. Find ich ja toll, dass Sie da einkaufen.« Dieses zugegebenermaßen gemeine Lob wird seine Eitelkeit nicht überleben. Hat er bei Armani zugeschlagen, fühlt er sich schlicht und einfach schlecht. War er bei H&M, fühlt er sich betrogen, dass das gute Stück auch noch in anderen einschlägigen Ladenketten käuflich zu erwerben ist. Tief durchatmen. Sie. Sie haben schon mal eines geschafft: Er wird vor Ihnen nicht mehr daherstolzieren, als sei er der Chef persönlich. Ein Stück Liberté am Arbeitsplatz sozusagen.

Wenn Sie jedoch, erfolgsorientiert wie Sie sind, an passender Stelle darauf aufmerksam machen wollen, wie wenig Ihr Häuptling eigentlich wirklich in werktätiger Strebsamkeit leistet, machen Sie das Thema »Herr XY und sein erstklassiges Outfit« am besten zum heißesten Thema Ihres Unternehmens. Sparen Sie nirgendwo mit Lob. Finden Sie seine Dressman-Allüren einzigartig »süß«. Reden Sie so lange so gut, bis er seinen Chefs ein Dorn im Auge ist. Entweder finden die ihn sehr rasch zu ichbezogen oder zu gut aussehend oder zu eitel, möglicherweise gar zu verschwenderisch, vielleicht auch größenwahnsinnig … die Liste der störenden Attribute ist ellenlang. Auf jeden Fall wird man auf ihn (negativ) aufmerksam. Das Schlimmste, was einem am Arbeitsplatz passieren kann. Der Gau sozusagen.

Und Sie? Wie war das noch? Sie präsentieren sich zwar perfekt, aber angemessen gekleidet, und Sie haben Schuhe, die einen kleinen Kick sexy sind, ein Gespür für Understatement und den Sinn für gepflegtes Dasein – innen wie außen – signalisieren. Der Rest ist nur noch eine Frage der Zeit …

Fühlen Sie Ihrem Mentor auf den Zahn

FEIN: Entsorgen Sie Ihren Sugar-Daddy-Traum

Seit einiger Zeit gehen Sie eigentlich ganz gerne in die früher so verhassten Konferenzen. Sie ziehen sich sogar noch einen ganz kleinen Tick besser an als früher? Verständlich. Schließlich haben Sie seit der letzten Geburtstagsfeier auf Ihrem Flur ganz neue Aspekte an Ihrem Chef entdeckt. Richtig locker war er. Witzig. Hat verständnisvoll zugehört, als Sie von Ihren kleinen Problemchen im Haus erzählt haben.

Er gab Ihnen das Gefühl, etwas Besonderes zu sein, als er plötzlich ein bisschen mehr von Ihnen ganz persönlich erfahren wollte. Endlich, endlich konnten Sie sich einmal von einer Seite darstellen, die er an Ihnen noch gar nicht kannte. Sie konnten erzählen, wie Sie dahin gekommen sind, wo Sie jetzt sind. Warum Sie sich dort aber nicht mehr ganz so wohl fühlen, wie noch vor einiger Zeit, weil Ihnen da der Kollege XY in die Quere gekommen ist. Sie waren richtig erleichtert, als Ihr Chef über die Schoten, die der betreffende Kollege sich gelegentlich erlaubt, genauso empört war wie Sie selbst.

Tja, seitdem gehen Sie wie auf Wolken. All Ihre Probleme scheinen wie weggewischt. Denn jetzt gibt es ja einen mächtigen Mann, der sie Ihnen aus dem Weg räumt. Denken Sie.

Wird er aber nicht tun. Ganz und gar nicht. Zunächst einmal ist es fraglich, ob er sie noch gespeichert hat. Ihre

Probleme, versteht sich. Schließlich war es schon etwas später am Abend, als Sie darauf zu sprechen kamen. Einige Gläser Wein hatten Sie da auch schon beide intus. Sollte er einer von der Spezies Chef sein, die genau weiß, was sie hört und noch wichtiger, was sie spricht, mag es zwar sein, dass er Ihre Sorgen noch sehr genau vor Augen hat. Aber vielleicht gebraucht er grundsätzlich solch ein Wissen nur, um die Leute in seinem Laden unter Kontrolle zu bekommen. Indem er fein säuberlich die Sorgenvollen und die Strippenzieher, die Intriganten und die klassischen Opfer ein ganz klein wenig gegeneinander ausspielt. Wissen, das beherzigen Sie ja längst, ist Macht.

Sie jedoch sitzen ihm seit dem denkwürdigen Abend mit leicht verklärtem Blick gegenüber. Da gibt es jedoch nur ein Problem. Er ist genauso, wie er immer war. Manchmal leise und gefährlich. Manchmal laut und gefährlich. Und Sie kommen mit sich selbst nicht so richtig klar. Sie quälen sich die ganzen langen Konferenzen hindurch mit Ihren Dissonanzen. Ist er nun auf Ihrer Seite oder nicht?

Er ist da, wo er immer war. Auf seiner Seite. Ganz und gar. Und die ist mit seiner kostbaren Person überreichlich ausgefüllt. Das soll Sie jetzt nicht entmutigen. Sie sollten dankbar sein, dass Sie mit einem Chef der Sorte geschlagen sind, die nicht aus solch alkoholgetränkten Situationen unangenehmes Kapital schlagen. Für Sie unangenehm. Denn es ist viel schlimmer, einen leicht angeheiterten Vorgesetzten auf der Tanzfläche einer Betriebsfeier zu domestizieren, damit er Ihnen nicht an die kostbare Verzierung geht.

Was hindert Sie also daran, sich bei Ihrem Chef einige Tage nach der Bombenfeier einen Termin geben zu lassen? Hoch offiziell, mutig, die kompetente Chefsekretärin um ein Stückchen kostbare Zeit des Bosses anzugehen. Hier noch schnell zwei Varianten für Ihren Kurzvortrag im Chefsekretariat. Auf die unumgängliche Standardfrage »Worum geht es?«, antworten Sie entweder: »Das kann ich nur unter vier Augen besprechen. Sorry.« Oder ganz verwegen: »Er weiß schon, worum es geht.«

Auf diesen Schreck hin kriegen Sie Ihren Termin, und Sie können hinter verschlossener Tür – bitte nicht devot mit durchgedrücktem Rücken auf dem Stühlchen vor ihm hockend – ihm genau das sagen, was Sie loswerden wollen. Knüpfen Sie beherzt an das Gespräch auf der Betriebsfeier an. Es ist nicht Ihr Problem, ob er sich daran noch erinnert oder nicht. Dies mag ihn bedrücken. Muss es aber nicht. Wir waren uns ja schon einig, dass beide Varianten möglich sind.

Sagen Sie ihm, wie froh Sie waren, dass Sie einige Ihrer Ideen mit ihm durchgehen konnten, dass Sie sich selbst wundern, dass Sie so viel Zutrauen zu ihm hatten, um von Ihrem persönlichen Problem mit dem Kollegen XY zu reden und dass Sie gerne einen Vorschlag machen möchten.

Den Inhalt dieses Vorschlags kennen Sie selbst am allerbesten. Der interessiert mich auch gar nicht existenziell. Es geht mir nur darum, dass Sie eine einmal erreichte Nähe nicht wieder kampflos aufgeben. Sozusagen resignativ bis zum nächsten Fest warten. Sie sollten lernen, aus Kontakten etwas zu machen, mehr als nur ein angenehmes Gefühl mit sich herumzutragen, das im aufreibenden täglichen Miteinander Stück für Stück zerbröselt, bis wieder das alte Verhältnis Chef und Untergebene greift.

Eins ist allerdings selbstverständlich: dass Sie, sollten Sie die Ehre gehabt haben, von Ihrem Chef partiell geduzt worden zu sein, dies nicht im Umkehrschluss mit ihm praktizieren. Es mag sein, dass Ihr Chef ein ganz toller Typ ist, der auch dies noch weiß und Ihnen sagt, Sie konnten auch gerne weiterhin »Du« zu ihm sagen. Diese Variante ist jedoch eher unwahrscheinlich. Das partielle Duzen ist nämlich ein Teil des Machtspiels, das Chefs gerne praktizieren. Vor allem um fällige Beförderungen oder Gehaltserhöhungen zu umgehen, wird gerne hin und wieder mit einem kumpelhaften Du sozusagen ein völlig unverbindliches »Dankeschön« überreicht. Statt Blumen. Eine Sprachvariante, die bei der nächsten angeblichen Verfehlung, sprich, nicht ganz so schnellem Befehlserfüllen von Ihrer Seite, in ein gnadenlos sittsames Sie zurückverwandelt wird. Selbst wenn Ihr Chef bei Ihrem nächtlichen Gespräch richtig nett zu Ihnen war, erwarten Sie nicht, dass er in Ihnen etwas anderes sieht als bisher.

Sie jedoch sollten das, was Sie an ihm entdeckt haben, nicht einfach wieder verdrängen. Holen Sie wenigstens das aus der Situation, was möglich ist. Vielleicht eine Veränderung für Sie innerhalb Ihrer Abteilung, möglicherweise bringen Sie ihn auf die Idee, dass er mit dem Ihnen gegenüber so indiskutabel auftretenden Kollegen einmal ein klärendes Gespräch führt, oder Sie vermitteln ihm einfach, dass es sich lohnt, hin und wieder mit Ihnen ein intensiveres Fachgespräch zu führen. Einfach, weil Sie sich so hervorragend als Ideengeberin eignen.

Das Einzige, was Sie jetzt noch tun müssen, ist zu wissen, dass dieses zarte Pflänzchen der Sympathie nicht die Bohne mit einer persönlichen Beziehung zu tun hat. Gott sei Dank. Chefs hassen nämlich nichts so sehr, wie von weiblichen Mitarbeitern in eine ähnlich quälende Beziehung gezwungen zu werden, die sie meist mit ihren Müttern hatten. Und die sie möglicherweise derzeit mit einer Freundin neben der unantastbaren Familie erneut durchleiden. Da merkwürdigerweise die meisten Chefs mit dominanten Müttern geschlagen sind, reagieren sie allergisch auf jede weitere kraftraubende Beziehung. Vor allem die zu weiblichen Fachkräften, die in ihnen den potenten Sugar-Daddy sehen. Das Adjektiv würden sie immer gerne unterschreiben, aber die Großzügigkeit eines Big Spender ist ihnen ganz und gar fremd.

Zum einen bringen sie damit das sorgfältig austarierte Kräfteverhältnis unter ihren Angestellten ins Wanken, zum zweiten fürchten sie sich davor, wie weit Ihre Forderungen noch gehen könnten. Dass Sie eine durch und durch vernünftige Person sind, die nichts verlangt, was ihr nicht zusteht, kann Ihr Chef unmöglich ahnen. Da muss ich ihn einmal kurzfristig in Schutz nehmen.

Sie können jedoch eine Ihrer herausragendsten Fähigkeiten, nämlich als unverkrampft kommunikativer Mensch angenehme Situationen schaffen zu können, endlich für ein Verhältnis zu Ihrem Chef einsetzen, das einem menschenwürdigen nahe kommt. Persönlichere Begegnungen, wie Sie bei Betriebsfeiern einkalkuliert sind, dienen nämlich dazu, sich aus der amorphen Masse der Tätigen abheben zu können. Wichtig: Seien Sie unverkrampft. Seien Sie Sie selbst. Nutzen Sie den Augenblick und vergessen Sie nicht, dass er stattgefunden hat.

Die Top-Elite des Hochadels hat viele Rituale, die als sophisticated gelten. Und deshalb als überholt. Sind sie aber nicht. Sie sind nur höfliche Gesten. Ich habe Prinzessin

Diana in Monte Carlo kennen gelernt. Ganz ungezwungen. Auf der Straße, wo Sie mit Dodi-al-Fayed ging. Umgeben von drei Bodyguards, einer derjenige, der als einziger ihren tödlichen Autounfall in Paris schwer verletzt überlebte.

Ich sehe sie noch vor mir, wie sie in kurzen Shorts, mit einem Trägerhemd, auf flachen Tod's neben mir herging, an ihrer rechten Seite Dodi-al-Fayed, den ich nicht kannte, der mir aber freundlich, ein wenig schüchtern lächelnd, die Hand gegeben hatte. Sie stellte ihn nicht vor, und erst einige Tage später, als ich wieder in Hamburg in meiner Redaktion war, tauchten die allerersten Kussfotos der beiden auf einer Jacht, von einem Paparazzo gemacht, auf.

Doch zurück zu meinem Spaziergang mit ihr. Ich war in Begleitung meiner Tochter, mit der ich zuvor Prinzessin Stephanie von Monaco in ihrer »Replay«-Boutique in Monte Carlo besucht hatte. Prinzessin Diana und ich sprachen über Kindererziehung, die Probleme von allein erziehenden Müttern, von ihrem Engagement gegen den Einsatz von Landminen, und sie lud mich ein, ihre nächste Reise in dieser Mission nach Thailand mitzumachen.

Als ich wieder zu Hause war, rief ich im Kensington-Palast an, um ihrem zuständigen Referenten von meinem Gespräch und der Einladung der Prinzessin zu berichten. Dabei stellte ich zu meiner Verblüffung fest, dass sie ihn bereits von unserem Treffen informiert hatte und dass sie mir ausrichten ließ, wie angenehm ihr unser zum größten Teil sehr persönliches Gespräch, unser Kennenlernen, gewesen sei. Eine Geste wie diese zeigt, wie verbindlich, taktvoll, höflich und, ja, fast vorbildlich Diana ihre Kontakte gepflegt hat.

Einige Zeit später bekam ich ein Schreiben aus dem Kensington-Palast, in dem die mündlich ausgesprochene Einladung noch einmal schriftlich bestätigt wurde. Der Brief erreichte mich donnerstags. Am Sonntag schockte die Nachricht von ihrem Tod die Weltöffentlichkeit.

Kurz darauf saß ich mit Frauke Ludowig und ihrem Kollegen Peter Kloeppel in der obersten Etage eines Londoner Hotels und kommentierte mit ihnen und dem Prinzen Eduard von Anhalt die vierstündige Life-Übertragung der Beerdigung der Prinzessin. Wann immer ich an sie denke, sehe ich sie strahlend schön, glücklich, mit einem ein wenig kleineren, gut aussehenden Mann, neben mir hergehen. Einem Mann, der sie zärtlich anlächelte und mit dem sie sich hin und wieder in sein Ohr flüsternd beriet – und der eine Plastiktüte trug, in der sie offensichtlich einige persönliche Dinge verstaut hatte.

Fies: Geben Sie Ihrem Mentor eine Chance – als Ihr Werkzeug

Sie sind eine klassische Vorzeigefrau. Erfolgreich bis in die Fingerspitzen. Die sind manikürt in der richtigen Länge. Ihre diversen berufsqualifizierenden Abschlüsse liegen mehrfach fotokopiert säuberlich in Ihrer Dokumentenmappe. Sie müssen Sie schon lange nicht mehr vorzeigen, wenn Sie sich für einen neuen Job interessieren. Man weiß, wer Sie sind. Man weiß, mit wem man es zu tun hat. Denken Sie.

Wenn Sie jedoch wüssten, dass von Ihnen meistens in der Kategorie eines smarten Miststücks gesprochen wird, wären Sie bis ins Mark verletzt. Ganz falsch. Denn dies ist eine der gängigsten Formulierungen, wenn männliche Kollegen über toughe, unabhängig denkende – und handelnde – Frauen reden. Sie können nicht anders. Die sind ihnen nämlich unheimlich. Nicht einzuordnen in den diversen Sparten, in denen Männer Mitarbeiter*innen* unterbringen. Als da sind Sekretärinnen: tolerierbar weil scheinbar kommandierbar. Subaltern dienende weibliche Nachwuchskräfte: hinnehmbar weil formbar. Frei schaffende Unabhängige: ignorierbar, weil nicht täglich präsent.

Richtig ärgerlich sind eigentlich nur Sie, weil Sie in jeder Hinsicht ein Pendant zu den hoch gestellten männlichen Führungskräften sind. Genauso belastbar, exakt so kreativ, identisch erfolgbringend. Nein, falsch. Häufig ausdauernder, erfinderischer, ehrgeiziger das schier unerreichbar Scheinende anpeilend. Dann, und das ist ganz besonders ärgerlich, sind Sie scheinbar auch noch unabhängiger. Sollten Sie eine Frau mit Anhang sein – ob verheiratet oder partnerschaftlich verbunden –, neigen Sie vermutlich dazu, alles und jedes auftauchende Problem innerhalb Ihres Wirkungskreises ausschließlich mit Ihrem Vertrauten zu besprechen.

Leben Sie als Single, werden Sie sicher eine oder mehrere Freundinnen geparkt haben, die bei Alarmzeichen auf Empfang stellen. Also eine Frau mit einem Rundum-Sorglos-Paket. Eine, die jeden Tag mit einem undurchsichtig verschlossenen Gesicht, perfekt gestylt, die Szene betritt. Und da soll man Sie nicht hassen? Was bleibt denn Ihren Vorgesetzten und Kollegen anderes übrig? Angst haben sie doch sowieso schon vor Ihnen.

Und dann geben Sie sich noch nicht mal eine Blöße, indem Sie abends mit den Kollegen einen saufen gehen, um so richtig schön abzuklagen. Über Einbrüche, Fehlschläge,

Finten, Ideen und nebenbei noch über Muskel- und Bauchumfänge. Nichts anderes findet nämlich bei den nächtlichen Meetings männlicher Mitarbeiter statt. Sie dachten immer, es würde nur über die neue scharfe Braut aus der Rechtsabteilung diskutiert? Kann sein, dass die später auch noch so richtig schön durchgehechelt wird. Davor und danach werden aber eigentlich nur brauchbare Informationen und Beobachtungen ausgetauscht. Eine Informationsbörse, die Ihnen völlig entgeht.

Ab heute ändern Sie Ihr Kommunikationsverhalten. Offenes Visier ist angesagt. Nicht dass Sie nicht eine unsichtbare Wand dahinter hochziehen, hinter der Sie auch weiterhin Ihr verletzliches Ich schützen – nicht verbergen –, aber einen Wimpernschlag davor laden Sie sozusagen ein. Zum Gespräch. Zum Austausch – von Informationen. Wissenswertes aus dem Mikrokosmos Arbeitsplatz, dem Seelenzustand der Karrieristen, vom derzeit umstrittensten und vom ultimativ angesagtesten Angestellten.

Zeigen Sie zunächst durch Ihr Verhalten, dass man Ihnen vertrauen kann. Verrücken Sie ein wenig die Selbstschussanlagen, die Sie um sich installiert haben. Lächeln Sie häufiger. Bleiben Sie öfter bei Ihren Kollegen stehen. Besuchen Sie sie mal in deren Büros. Das haben Sie bisher immer als Zeitverschwendung abgetan, nicht wahr? Nun, dann wird es Zeit, dass Sie sich ein wenig vom Olymp der unangreifbar perfekten Lady herunterbewegen.

Sie sollen nicht im Sturzflug fallen. Sie sollen nur einige Schritte nach unten, auf ein solides Niveau, also auf den Ist-Zustand der anderen gehen.

Sie werden es Ihnen danken, denn es gibt auch für Ihre Kollegen nichts Anstrengenderes, als pausenlos jemand anderen zu fürchten oder zu hassen. So, nun sind alle schon einen Tick entspannter. Dann laden Sie doch einfach einmal – selbstverständlich erst nach der offiziellen Arbeitszeit – zu einem Mini-Umtrunk (ein entsetzlicher Begriff, ich weiß) in Ihr Büro ein.

Kaufen Sie nicht den schlechtesten Prosecco. Immerhin wollen Sie selbst mittrinken. Und nicht wie sonst bei Ihnen üblich, nur daran nippen oder noch schlimmer, ausschließlich Wasser schlürfen. Kaufen Sie dazu irgendetwas Essbares, und wenn es die Haribo-Colorado-Mischung ist, weil Sie sie selbst so gerne essen. Sie sollen sich nämlich selbst wohl fühlen und nicht ein – zugegebenermaßen oft gequältes – »lockeres Beisammensein« überstehen. Je mehr das Angebot auf Ihrem Schreibtisch Ihrem ureigensten Geschmack entspricht, um so mehr fühlen Sie sich an Ihren häuslichen Wohnzimmertisch erinnert. Und an dem sitzend, lassen Sie ja auch die Eisenmaske fallen.

So ausgestattet ratschen Sie einmal mit den anderen um die Wette. Ich schwöre Ihnen, es wird Ihnen gut tun. Und Sie können dabei ganz unauffällig lernen, wie man sich Freunde macht. Freunde auf Zeit. Verwechseln Sie bitte nicht den Sympathieausschlag auf der Skala der abhängig Arbeitenden mit der Solidität einer lebenslangen Freundschaft. Aber Sie werden sehen, dass ein zeitweiliges Zusammengehen mit ähnlich Angetriebenen Ruhe vermittelt. Die Fronten müssen auch einmal geschlossen sein.

Niemand verlangt von Ihnen, dass Sie sich Blößen geben. Dass Sie – bildlich gesehen – einmal die Hosen herunterlassen und endlich, endlich einmal das sagen, was Sie schon lange einmal loswerden wollten. Diese Dinge sagen Sie besser noch nicht einmal dann, wenn Sie sich nach langer Leidenszeit von Ihrem derzeitigen Vorgesetzten verabschieden. Sie muss ich wirklich nicht mit dem alten Spruch malträtieren: »You always meet twice.«

Aber es ist ungeheuer wichtig, dass Sie von Zeit zu Zeit Ihre Wahrnehmungen mit denen Ihrer Kollegen vergleichen. Es kann nämlich sein, dass Sie aufgrund Ihrer Karriereplanungen schon lange den Boden der Realität verlassen haben. Eine Todsünde im Spiel um die Macht. Ihre ureigene differenzierte Sichtweise der Dinge kann Sie auf die Umlaufbahn der Gewinner katapultieren. Eine unrealistische Einschätzung der Machtverhältnisse kann Sie auf eine einsame Umkreisung Ihrer Welt ins Raumschiff »Traumexpedition« verbannen. Eine Reise ohne Wiederkehr, versteht sich.

Nun wenden wir uns der schönen und überaus beliebten Standardeinrichtung eines jeden Unternehmens zu: den Geburtstags- und Weihnachtsfeiern. Die diversen Abschiedspartys von geschassten Mitarbeitern können Sie aus Ihrem Terminplan streichen. Es gibt nichts Deprimierenderes, als festzustellen, dass sich die Reden auf einen gescheiterten Mitarbeiter genauso anhören wie die Lobeshymnen auf einen Neuzugang.

Bei den »Come-together-partys« Ihrer Firma kommen Sie grundsätzlich acht bis zehn Minuten nach der angegebenen Startzeit. Nicht später. Das ist unfein. Weil Sie so wirken, als wollten Sie wichtig wirken. Eine gezügelte Pünktlichkeit ist Pflicht. Zum einen ist es richtig erhebend, zu sehen, dass sich Chefs noch richtig enthemmt über jedes ankommende Gesicht freuen.

Schließlich hat jeder Mensch Angst davor, dass er der erste in der Menschheitsgeschichte ist, bei dem faktisch niemand seiner Einladung folgt. Oder nur einige Versprengte, die Angst davor haben, die Fleisch-, Salat und Käseberge des stereotypen Büfetts auch nur zu berühren. Dann sind Sie bitte dem Anlass entsprechend gekleidet. Bei Geburtstagsfeiern neutral, sprich, am besten im Outfit, das Sie auch während der Arbeitszeit getragen haben. Ist zwar ätzend fürs Wohlgefühl, aber darum geht es ja auch nicht. Und es signalisiert auf die elegante Art und Weise, dass Sie selbstredend bis zur letzten Sekunde in werktätiger Pose verharrt haben.

Weihnachtsfeiern sind schon etwas heikler. Studieren Sie aufmerksam die Einladungskarten (oder Aushänge), ob ein Dresscode vermerkt ist. Halten Sie sich bitte geradezu sklavisch daran. Es gibt nichts Schlimmeres, als bei der Vorgabe »Abendkleidung« mit einem Schlunz-Dress aus dem eigenen Fundus für Diverses zu erscheinen. Sie werden sonst – da dürfen Sie sicher sein – das Thema des Abends, aber so, dass Sie es nicht verkraften können.

Wenn Sie dem Code entsprechend auflaufen, überprüfen Sie genau, wie weit Sie in welcher Beziehung wirklich gehen wollen. Sexy? Dann nur Mut. Aber wundern Sie sich nicht, wenn hinterher darüber gerätselt wird, ob Sie vielleicht diejenige waren, die mit dem Kollegen XY auf dem Herrenklo erwischt wurde. Ausgewogen ist vielleicht der richtige Ausdruck für das, was nie verkehrt ist. Das kann übrigens sehr chic sein. Und die Klasse unterstreichen, die Sie haben.

Jetzt wird's ernst: Wenn sich Ihr eigentlich wenig jovialer Chef unter die ewig hungrige Meute seiner Mitarbeiter mischt, können Sie geistige Verbrüderungsorgien studieren. Da wird (unter Männern) schon einmal von den nächsten Urlaubsplänen erzählt, wer wo auf welcher Hochseejacht zum Fischen fährt, wer beim intensiven Motorradfahren auf den amerikanischen Highways aufdrehen wird (aber Hollerie!) und wer die exklusive Studienreise auf den Spuren von Jeanne d'Arc vorbereitet. Sie werden lernen zu beobachten, wer seinen Chef zu übertrumpfen wagt (bei der Auswahl seines Urlaubsortes beispielsweise) und wer die längste Zeit schweigt, um ja nicht aufzufallen.

Sie degradieren sich unterdessen bitte nicht zur Stichwortgeber-Maus, sondern picken sich den nützlichsten aller Chefsatelliten heraus. Lassen Sie übrigens, um Himmels willen, Ihren Chef links liegen. Jede Form der Annäherung, und sei es nur aus purer Höflichkeit, wird als schlimmste Form der Schleimerei missdeutet. Glauben Sie mir, aus der Schraube gibt es kein Entkommen.

Seien Sie nur ganz Sie selbst und stellen Sie dem vielleicht nächst Mächtigen die richtigen Fragen. Aber nur die, die Sie wirklich interessieren. Tun Sie ihm nicht schön und probieren Sie nie eine Rolle aus, die nicht zu Ihnen passt: die der Anbeterin, der hingegossen Zuhörenden. Der rückhaltlosen Bewunderin.

Aus dem Stadium, dies ohne Argwohn zu genießen, sind sogar die hinterletzten Chauvis heraus (wenn sie passable Frauen haben, wovon Sie heute einfach ausgehen müssen). Lassen Sie sich also von Ihrem Gesprächspartner etwa über die extrem schönen Felgen seines Lieblingsautos informieren, gehen Sie danach langsam zu seinem unendlich reichen Lebensweg über und lassen Sie sich einmal haarklein berichten, wie schwer, aufreibend, ja gefährlich, aber auch interessant und facettenreich sein Aufstieg an die Schalthebel der Macht war.

Sie sollen nicht fies sein und Dinge aus ihm herausholen, von denen er vielleicht am nächsten Morgen bitter bereut, sie jemals verraten zu haben. Was sollen Sie auch mit Einblicken in seine persönlichen Abgründe (es wäre ja ganz schön, wenn er welche hätte)? Es gibt nichts Überflüssigeres als Geständnisse, die später vielleicht in einem Waber-Feeling von Alkoholresten und Katerstimmung Brechreiz auslösen. Sie nutzen nur die Stunde, um ins Gespräch zu kommen. Sie müssen ihm vermitteln, dass Sie zuhören und schweigen können.

Gut. Überspringen wir jetzt die letzten Geständnisse, die er Ihnen natürlich ganz spät in der Nacht doch noch macht, ob Sie sie hören wollen oder nicht. Gehen Sie unbedingt am nächsten Tag zu ihm und sagen Sie ihm – bevor seine Gesichtszüge aus Angst vor Ihnen und dem, was er gesagt haben könnte, entgleisen: »Es war ein unglaublich interessantes Gespräch, das wir gestern miteinander führen konnten. Ich habe so viel lernen können, und dafür bin ich Ihnen unendlich dankbar.«

Sagen Sie ihm auch, dass Sie den Dialog fortsetzen möchten, und schieben Sie ihn langsam, aber sicher in die Rolle eines, sagen wir, väterlichen Mentors, selbst wenn er nur fünf oder sechs Jahre älter ist als Sie. Aber Sie werden ihm vermitteln, dass seine profunde Intelligenz den Mangel an Jahren wettmacht, dass Sie von ihm noch so viel lernen können. Und lassen Sie ihm die Chance, etwas für Sie zu tun, einfach, weil er Ihnen dankbar ist, dass Sie ihm etwaige Peinlichkeiten erspart haben.

Holen Sie sich von nun an ab und zu Rat bei ihm. Geben Sie ihm nie das Gefühl, dass Sie einem Flirt nicht abgeneigt wären, selbst wenn Sie ihn auch persönlich schätzen lernen sollten. Sie würden ihn nur als Ihren Mentor verlieren, denn das dazu notwendige Quäntchen Distanz voll von neutralem Respekt wäre verschwunden. Und was Sie dafür eintauschen, sind meistens etwas angejahrte Sprüche und das dumme Gefühl, möglichst schnell aus seinem Büro verschwinden zu müssen – um sich nicht einer peinlichen Situation auszusetzen.

Es gibt aber nichts Entspannteres als ein Gespräch unter zwei intelligenten Menschen, die eine Sache (wie die komplizierte Struktur eines Unternehmens) und die Grundzüge anderer Menschen (in diesem Fall der Kollegen und Mitbewerber) gleich beurteilen.

Bevor es jetzt in Ihren Überlegungen so richtig schön gemütlich wird, notieren Sie schon gleich einmal vor, dass nicht jeder Gönner gleich ist. Und dass nicht jeder von ihnen die persönliche Größe besitzt, Sie bis an Ihr Ziel kommen zu lassen. Oft greift plötzlich das alte Gefühl, eine Frau lediglich bis knapp unter die Führungsebene aufsteigen zu lassen.

Bevor Sie sich in die Situation bringen, über diese Realität zeitraubend zu lamentieren, aktivieren Sie lieber parallel Ihre Förder*innen*, die Sie in Ihrem Netzwerk verankert haben. Lernen Sie, emotionsloser die Grenzen der Sie umgebenden Menschen, vor allem jene der Männer, einzukalkulieren. Sie können zwar wie eine Furie, gefragt oder ungefragt, darüber wettern, dass sich die Emanzipation wohl niemals wirklich durchsetzen wird. Aber ist das Ihnen angemessen? Doch wohl eher nicht. Sie sind klug genug, dies als eine Tatsache zu akzeptieren. Was nicht heißt, dass Sie als ewiger Loser durch die Arbeitswelt irren.

Vielmehr praktizieren Sie die Gleichberechtigung so, wie Sie sie gerne hätten. Nämlich als selbstverständliches Vehikel der täglichen Kommunikation. Und da unterscheiden Sie bitte gar nicht erst zwischen männlichen und weiblichen Verbündeten oder Gegnern. Da ist für Sie nur die Fähigkeit oder Unfähigkeit der beruflichen Abschnittsgefährten relevant. Denen müssen Sie die Rollen zuweisen, in denen sie Ihnen nützlich sind.

Dies gilt nicht selten für Schauspieler, die allerdings ihre Förderer und Mentoren allzu häufig gleich im Privatleben mit verplanen. Ich spreche jetzt nicht von langjährigen Ehen und gleichzeitiger beruflicher Zusammenarbeit. Wie etwa die Erfolgsstory von Schauspielerin Gena Rowlands und Regisseur John Cassavates oder von der überraschenden Hochzeit zwischen der damals blutjungen Mia Farrow und dem angejahrten »Mentor« Frank Sinatra.

Die schöne Alexandra Kamp machte als attraktive Hauptdarstellerin in erfolgreichen SAT1- Melodramen auf sich aufmerksam, als sie auch privat eine große Rolle im Leben des damaligen TV-Bosses spielte. Als der sich einer anderen Seriendarstellerin zuwandte, gingen für die begabte Alexandra nicht die Scheinwerfer aus. Sie hatte, Talent und Charme sei Dank, auch viele andere Rollengeber positiv beeindruckt. Dankenswerterweise bestehen die mächtigen Produzentenriegen schon lange nicht mehr ausschließlich aus männlichen Protagonisten. Die Berlinerin Regina Ziegler oder die Hamburgerin Katharina Trebitsch sind mittlerweile zu Ausnahme-Förderinnen von Talenten geworden.
Aber begleiten Sie mich doch einmal kurz auf einer der obligatorischen »Geburtstags-« oder »Weihnachtsfeiern« der Schönen, Begehrten und Mächtigen des Showbusiness. Bei denen heißen solche Partys »Filmpreisverleihungen«

oder »Premieren«. Die Angespanntheit der weiblichen Nachwuchskräfte, deren pochendes Herz häufig hautnah ungeschützt unter tiefen Dekolletés pocht, ist unübersehbar. Bei den anschließenden Partys, auf denen den Preisträgern knappst gehuldigt wird, um sich sofort der Beutejagd zu widmen, können Regisseure und Produzenten tief geschmeichelt das große Schauspieltalent ihrer zukünftigen Schützlinge studieren. Standardbewerbung ist hier fast immer die Kurznummer »bewundernde Blicke einer Elevin«, missdeutet als realistische Darbietung.

Die mitgereisten Assistentinnen oder Sekretärinnen solch umworbener Moguln versuchen nicht selten am Morgen nach solchen Events, anhand der Gästeliste den derzeitigen Aufenthaltsort ihrer Chefs ausfindig zu machen. Sprich, wo könnte er in welchem Hotelzimmer neben welchem Jungtalent aufzuwecken sein. Gut, dass Sie bei Ihrem Firmenmentor gleich hinter dem Thema »Felgen seines Lieblingsautos« Schluss gemacht haben …

Fördern Sie den Nachwuchs – an der langen Leine

Fein: Ehrgeizige Youngster sind wie Kinder – sie brauchen Grenzen

Die Neue nervt, nicht wahr? Sie hat das ganze fest zementierte Gefüge in Ihrem Machtgebiet in Unordnung gebracht. Mit ihrem Auftreten punktet sie kräftig. Ihren Langzeitgegnern bereitet es zusehends mehr Vergnügen, sie gegen Sie auszuspielen. Kleinigkeiten, gewiss. Aber dennoch: Sätze wie »Ist der Blazer nicht hübsch, den Frau XY trägt«, können einen Klang wie Donnerhall bekommen, wenn man sowieso angeschlagen ist. Richtig unangenehm wird es, wenn sich der Chef scheinbar nur mit Mühe zurückhalten kann, um nicht enthusiasmiert zu klatschen, sobald die junge Dame nur »Guten Morgen« gesagt hat.

Nun, jetzt machen Sie sich einfach mal auf den Weg, die hochexplosive Sprengladung zu entschärfen. Sie werden die junge Lichtgestalt, die lang ersehnte Hoffnungsträgerin, zu Ihrer Freundin machen. Und zwar ohne Wenn und Aber.

Auch eine Heilsbringerin hat kleine Schwächen. Vielleicht im Vortrag? Prima, Sie machen sie charmant darauf aufmerksam und helfen ihr, ihre Schwächen zu korrigieren. Sie deutet Freundlichkeiten von Kollegen falsch? Gut. Weisen Sie sie in die Psychogramme der Kollegen ein, immer mit der gebotenen Zurückhaltung. Und stets so schön doppeldeutig, dass die junge Nachwuchskraft nicht mit Details zu den Betreffenden laufen kann, um Sie so richtig schön reinzureißen.

Sie bremsen sie behutsam da aus, wo sie Ihnen wirklich gefährlich werden könnte. Machen Sie es doch einmal wie viele Ehefrauen auf dem Weg, Ihre Männer an die Leine zu legen. Immer schön so, dass sie sich noch als Vollwert-Mann missdeuten, obwohl sie schon zum Dackel degradiert sind. Einem, der Männchen macht und sich im Lokal zum Zigarettenholen schicken lässt, obwohl der Kellner parat steht. Möglichst bei einem offiziellen Abendessen, versteht sich. Damit die anwesende Damenmeute erkennt, hier läuft ein markierter Pantoffelheld in der vorgegebenen Spur.

Sie füttern also Ihre Kollegin mit kleinen Häppchen und achten darauf, dass die Brocken nicht zu groß werden. Nichts hindert Sie daran, ihr hin und wieder größere Aufgaben vorzugeben. Die Sie aber »supervisen«, auf Bitten Ihres Chefs, versteht sich. Dem müssen Sie suggerieren, dass die Fehlerquelle sonst zu groß werden könnte. Sie sind so uneigennützig, dass Sie Ihre weitaus größere Erfahrung zur Verfügung stellen, damit sich die junge Kollegin einarbeiten kann.

Dann sorgen Sie für winzige Spannungen innerhalb der jungen Truppe. Sprechen Sie vertrauensvoll über Konkurrentinnen, und zwar von Ihrem Schützling, die gerade auf nahezu monströse Art und Weise deren Fortkommen behindern wollen. Bei der Findung solcher Personen brauchen Sie sich nicht sehr anzustrengen. Die gibt es überall. Und sofort, sobald ein neuer Mitarbeiter den Ring betritt. Nutzen Sie Ihre vermeintliche Schwachstelle, nämlich schon länger im Betrieb zu sein, zu Ihren Gunsten aus. Es ist immer von Vorteil, den Fundort verborgener Leichen zu kennen, die in jedem Unternehmen versteckt sind.

Wenn Sie sich soweit abgesichert haben, präsentieren Sie einen erfolgversprechenden Vorgang gemeinsam mit der jungen Konkurrentin vor Ihrem Chef. Nutzen Sie gnadenlos Ihren Heimvorteil, lenken Sie das Gespräch und machen Sie einmal einen kleinen Ausfallschritt, indem Sie der jungen Dame ein Stichwort zukommen lassen, das Sie vorher nicht mit ihr abgesprochen haben. Genießen Sie dann den Moment ihrer heillosen Verwirrung – und kommen Sie ihr anschließend generös zu Hilfe.

Das war's nämlich erst einmal mit dem schnellen Durchmarsch Ihrer Möchtegern-Nachfolgerin. Sie haben garantiert noch länger das Vergnügen, Ihre Konkurrentin bei deren vergeblichen Bemühungen zu beobachten, Sie ins Aus zu befördern. Aber bleiben Sie wachsam. Wozu sind Sie so souverän, wie Sie sind? Nutzen Sie dieses unschätzbare Attribut endlich einmal nur zu Ihrem eigenen Besten. Ihrem Vorteil.

Fies: Auch Sie sind ersetzbar – aber nur über Ihre Leiche

Der Tag fängt gut an. Sie haben sich erfolgreich durch die Morgenstaus gequält oder in der U-Bahn kurz vor dem Ersticken gerettet und sind dennoch pünktlich angekommen. Irgendwer hat ausnahmsweise sogar die Kaffeesahne nachbestellt. Ihr Morgen ist schlichtweg perfekt.

Auf dem Weg zur täglichen Besprechung begegnen Ihnen zwei Ihrer Lieblingsgegner. Die, die regelmäßig an Ihren Vorschlägen herumnörgeln, die Sie immer wieder verleumden, und denen Sie mit Ihrer verbalen Eleganz schon zigmal eins vor den Koffer gegeben haben. Die beiden strahlen Sie an und wünschen lautstark »Guten Morgen«.

Jetzt wird's ernst. Hier stimmt etwas ganz und gar nicht. So ein Verhalten können Sie nicht dulden. Sie haben – im übertragenen Sinne, versteht sich – gerade zwei gut platzierte Säbelhiebe in einer Schlacht verpasst bekommen. Und die Schlacht könnte Waterloo heißen. Dass Ihre beiden bevorzugten Feinde es überhaupt wagen, Sie breit grinsend anzusprechen, mit welcher Floskel auch immer, deutet auf einen Etappensieg Ihrer hausinternen Gegner hin. Ab jetzt sind Sie verschärft sensibilisiert – und kampfbereit.

Bevor Sie die Tür zum Besprechungszimmer erreichen, haben zwei Kollegen, die Ihnen bisher immer devot entgegengekrochen sind, den Augenkontakt mit Ihnen gemieden. Ihr Abteilungsleiter hat sich entgegen seiner sonst so aufgesetzten Höflichkeit mit einem dumpf gemurmelten »Guten Morgen« vor Ihnen ins Zimmer gedrückt. Ihr Chef hat demonstrativ alle im Raum befindlichen Kollegen extrem freundlich angesprochen, Sie aber bis zum Schluss beharrlich ignoriert. Was ist zu tun?

Zunächst einmal bekämpfen Sie Ihre aufsteigenden Panikattacken mit inbrünstig zelebrierten Atemübungen. Ganz wichtig, damit Sie nicht in sich zusammengesunken an Ihrem Schreibtisch aufgefunden werden. Zweite Regel: Lassen Sie sich nichts anmerken. Schlüpfen Sie einmal kurz in Ihren früheren Panzer zurück, an dem alles abprallt. Ihr altes Abwehr-Utensil ist jetzt noch einmal von Nutzen, damit Sie, so abgeschottet, zunächst in Ruhe nachdenken können. Ihre Gegner sind nämlich so blutrünstig, dass sie sich als größten Triumph an Ihrer Betroffenheit weiden wollen. Sie dürfen nicht vergessen, wie lange Sie ihnen Ihre Stärke demonstriert haben. Da sind noch viele Rechnungen offen. Und seien Sie jetzt nicht wehleidig, denn wer austeilt, muss auch einstecken können.

Also, sammeln Sie sich und denken Sie nach. Wenn Sie ehrlich sind, hat sich in den letzten Wochen einiges verändert. Eine ganze Anzahl deutlicher Alarmsignale hätte Sie längst wachsam werden lassen müssen. Aber Sie fühlten sich gerade so gut in Ihrem Langstreckenlauf zur Spitze der Macht, dass Sie die kleinen Veränderungen in Ihrer Umgebung mit unverzeihlicher Ignoranz übersehen haben.

Richtig. Wenn Sie einmal ganz ehrlich zurückdenken, begann ein leiser Klimawechsel mit dem Eintritt Ihrer jüngeren Kollegin in Ihr Aufgabengebiet. Sie glaubten, sie recht gut im Griff zu haben, da sie so artig immer erst zu Ihnen kam, ehe sie ihre Ideen präsentierte. Dass sie hinterher zu Ihnen kam, um Ihnen von den erzielten Resultaten zu berichten, hat Sie weich gestimmt, so dass Sie in der letzten Zeit viel mehr Zeit in Ihr persönliches Standing innerhalb der Kollegenclique investieren konnten. Sie waren so richtig schön entspannt und sind auch richtig gerne in Ihr Unternehmen gekommen. Es war alles so harmonisch.

Genau da liegt Ihr Denkfehler. Es gibt schlichtweg kein erfolgsorientiertes Unternehmen, das Wert darauf legt, dass sich seine Belegschaft gut fühlt. Zum Spiel der Mächtigen gehört das Verbreiten von Angst. Ist es ein Top-Unternehmen, handelt es sich um eine wohldosierte Furcht, die den Fortgang der reibunglosen Erfolgsstory garantieren soll. Es ist so eine Art Katz-und-Maus-Spiel, bei dem den Mäusen wenige Schlupflöcher gelassen werden, um sich wenigstens ab und zu in Sicherheit zu wiegen. Und Sie haben zu viele Signale dahingehend ausgesandt, dass Sie sich in Ihrem Schlupfloch eingerichtet hatten. Komfortabel auch noch dazu.

Jetzt müssen Sie sich aufmachen, um die wenigen Fans zu orten, die Ihnen noch geblieben sind. Ich meine jetzt nicht die Masse der Indifferenten, derer, die sich entweder auf der Tribüne eingerichtet haben, um von dort aus den Fortlauf der täglichen Ritterspiele zu genießen. Ich meine auch nicht die Anzahl der Sanitäter, die erst dann anrücken, wenn Sie schon schwer getroffen am Boden liegen. Die wissen nämlich nie, warum es gerade so gelaufen ist, sondern kümmern sich lediglich aus einem Impuls heraus um die Verletzten. Warum der andere so übel zugerichtet wurde, entzieht sich ihrer Kenntnis.

Sie müssen sich also wieder auf die wenigen Getreuen oder noch besser, Intelligenten, einlassen, die so klug sind, zu wissen, dass sie die Nächsten sein können, die der Bannstrahl trifft. Und die deshalb mit Informationen rausrücken, weil sie wissen, dass ihnen Ihre ewige Dankbarkeit einmal sehr nützen kann. Bei denen klappen Sie Ihr altes Visier hoch, und fragen sie nach den Gründen für Ihre Probleme. Aber nicht nach dem Motto: »Mir geht es so schlecht. Ich bin ja so verzweifelt. Hier stimmt etwas nicht.« Sondern eher mit einem kleinen Versuchsballon wie: »Ich habe den Eindruck, unsere Kollegin XY startet richtig durch. Ich fürchte aber, Sie tut dies auf Ihre Kosten.«

Ja, Sie haben richtig gehört. Sie sprechen bitte nicht von Ihren persönlichen Erfahrungen beim morgendlichen Spießrutenlaufen, sondern Sie versuchen, Ihren wenn nicht wohlmeinenden, so doch neutralen Kollegen, in Ihr schwankendes Boot zu ziehen. Mit dieser Methode können Sie sicherer sein, dass er aus der Deckung kommt. Sie schlagen indirekt einen Deal vor. Sie könnten etwas wissen, was er noch nicht ahnt und was er dringend wissen will, oder er will Ihnen schnell eins auswischen, um mit seinem Wissen über Ihre Probleme Sie aus Ihrer vermeintlich bräsigen Selbstzufriedenheit zu reißen.

Nun verdrehen Sie nicht die Augen zur Decke, indem Sie das geschilderte Szenario für übertrieben halten. Es ist eine Minifacette der täglichen kleinen Gemeinheiten, die überall da abgehen, wo mehr als zwei Menschen zusammenarbeiten. Hier werden Verletzungen jeder Art kompensiert. Und Sie wissen ja selbst, die mörderischen Wirkungen von verbalen Attacken sind Dauerwunden, die nie richtig ausheilen können. Dafür sitzen sie zu tief. Im Unterbewussten.

Was glauben Sie, warum so viele Top-Prominente mit fast religiöser Andacht ihr tägliches Laufprogramm absolvieren? Sie laufen ihren Problemen davon. Sie sind fast auf der Flucht, um sich wieder aufzubauen. Hera Lind hat sicherlich aus dem Gefühl heraus, nach den Geburten ihrer vier Kinder etwas für ihre Figur tun zu wollen, mit ihrem täglichen Zehn-Kilometer-Dauerlauf begonnen. Mittlerweile atmet ihr neuer Lebensgefährte Engelbert Lainer schwer neben ihr, und beide arbeiten gemeinsam den Frust ab, den ihnen die öffentliche Beobachtung ihres nach Angaben von Hera Lind erfüllten Liebeslebens eingebracht hat.

Ist Ihnen jetzt egal? Kann ich verstehen, denn immerhin sind Sie jetzt mit eigenem Überdruck beschäftigt, und so erwarten Sie jetzt gerade gespannt die Reaktion Ihres Kollegen. Sollte er Ihnen – verhalten triumphierend – stecken, dass Kollegin XY nicht ihn, sondern Sie mobbt, gestatten Sie sich einen Augenblick totaler Verblüffung. Gespielter Verblüffung, versteht sich. Sagen Sie ihm, dass Sie dies überhaupt nicht verstehen können, da Sie sehr viel für die junge Dame getan hätten. (Haben Sie auch, denn Sie haben sie dummerweise nicht auf Platz eins Ihrer Beobachtungsliste gesetzt.)

Locken Sie mit diesem Repertoire gespielter Unterlegenheit die letzten Informationen aus Ihrem Gesprächspartner heraus, denn nun will er Ihnen erst recht beweisen, dass er der besser Informierte von Ihnen beiden ist. Gönnen Sie ihm die Selbstzufriedenheit. Es geht im Moment nicht um Haltungsnoten, sondern dringend benötigte Informationen, um Ihre Haut zu retten.

Sie hören also, dass die Dame ziemlich kräftig bei Ihrem Chef gebaggert hat. Dass die Gräben schon ausgehoben sind, über deren Rand sie Sie schubsen will. Sie hat mit astreinem Feeling für den Aufenthaltsort Ihrer Langzeitgegner genau die zu ihren Freunden gemacht, und sie hat clevererweise einige üble Gerüchte über Sie gestreut. Kommt Ihnen bekannt vor?

Nun müssen Sie auch mal die Größe haben zu erkennen, dass die junge Kollegin einen großen Teil Ihres eigenen Repertoires abgespult hat. Sie ist also eine würdige Gegnerin. Denken Sie nur positiv über sie, sonst fallen Sie in den tiefen Abgrund von Angst. Da gehören Sie aber nicht hinein. Sagen Sie sich: Kann ich nicht gebrauchen. Denn Angst, auch das ist eine Binse, ist ein schlechter Ratgeber.

Sie ziehen sich wieder vornehm in Ihr Büro zurück und machen eine Liste auf: Sie schreiben, nicht etwa geschönt, um Ihr Ego zu streicheln, die Pluspunkte auf, die Ihre potenzielle Nachfolgerin im Amt schon für sich verbuchen kann. Bisher sind dies Schritte, die man überholen kann. Wenn Sie sich einmal den Ist-Zustand vor Augen führen, verliert er seinen Schrecken, weil er schon wieder Vergangenheit ist. Sie beschäftigen sich nämlich schon mit dem Morgen, während Ihre Gegnerin glaubt, am Ziel angekommen zu sein.

Als Nächstes kontaktieren Sie unbefangen, wie Sie ja scheinen können, die alte Kamarilla von Mitarbeitern auf der unteren Ebene. Sie checken – mit vielen versteckten Lobeshymnen auf die junge Dame – deren Standing bei Sekretärinnen, Assistenten, Pförtnern und dem technischen Personal. Häufig machen Aufsteiger den gravierenden Fehler, sich in ihrem Drang nach oben nur mit den Wichtigen gut zu stellen. Sie übersehen dabei – weil sie eben nicht Ihr Format haben –, dass selbst ein Chef böse aufläuft, wenn ein Pförtner beschließen sollte, dass die Schranke zur Einfahrt in das hauseigene Parkhaus just in dem Moment kaputt ist, wenn der Chef mit dem wichtigsten Kunden vorfährt. Oder wenn das Hauspersonal den obersten Tyrannen tagelang frieren lässt, weil für die Reparatur der Heizungsanlage ausgerechnet im Dezember die wichtigste Schraube fehlt. Dumm gelaufen, kann man da nur sagen.

Aha, dachte ich es mir doch. Da hat Ihre saubere Kollegin nichts als Fehler gemacht. Niemand kann sie leiden. Sie ist einfach zu nassforsch, zu selbstsicher und zu arrogant. Good news. Jetzt beschäftigen Sie sich mit dem Output der Dame. Mittelmaß bis sehr gut. Sie ist also nicht überragend. Spielt nur ihr schmales Repertoire aus.

Sie verlassen jetzt also besser die Insel der Glückseligen, auf der Sie es sich bis zum Eintritt Ihrer Möchtegern-Nachfolgerin in Ihren Gesichtskreis so gemütlich gemacht hatten. Auf die kehren Sie bitte auch nicht mehr zurück. Die Gefahr, dass Sie darauf eine Gestrandete werden, ist einfach zu groß. Sie wollen nach oben, vergessen Sie das bitte nicht mehr.

Jetzt suchen Sie sich eine fachliche Schwachstelle der jungen Dame und sprechen Ihren Chef ganz vertrauensvoll darauf an. Nein, nicht runtermachen. Es ist wichtig, ihm zu vermitteln, dass Sie um der Sache willen gerne Ihre Kollegin unter Ihre Fittiche nehmen wollen. Jawohl, zum Wohle des Unternehmens. Zur Ehre des Chefs. Machen Sie ihn cool, ohne den leisesten Anflug irgendeines wie auch immer gearteten Überlegenheitsgefühls, auf Fehler aufmerksam, die der jungen Dame unterlaufen sind. Die Sie für verzeihbar halten, denn sie steht ja erst am Anfang ihres Erfolgsweges. Sie sind nämlich diejenige, die sich noch viel von der tüchtigen Kraft verspricht. Sie haben ja schon lange die junge Dame im Auge. Aus ihr lässt sich noch viel machen.

Spätestens in diesem Moment wird Ihrem Chef angst und bange. Dass er erstens Sie in Ihren Nehmerqualitäten unterschätzt hat und dass er zweitens die ehrgeizige Konkurrentin in ihren Möglichkeiten überschätzt hat. Schlechtes Timing, dass sich kein kluger Chef erlauben kann. Sie könnten ihm zu früh die Brocken vor die Füße werfen, und die gerade erst so schön ausgeguckte Nachfolgerin ist noch gar nicht so weit. Chefs sind nur begrenzt risikobereit. Sie verlassen sein Büro in der Gewissheit, die Bombe entschärft zu haben. Vorerst.

Aber von nun an halten Sie ein wachsames Auge auf die Dame, der Sie zwar gekonnt Sand ins Getriebe gestreut haben, die jedoch selbst lernfähig ist. So wie Sie. Trösten Sie sich mit dem Wissen, dass sie eine würdige Gegnerin ist. Eine, die Ihnen angemessen ist.

Liebe in Zeiten der Workaholics

Fein: Auch Kollegen sind Männer – bisweilen attraktive

Endlich. Der Abend ist da. Sie können es getrost wagen, Ihre Planstelle zu verlassen. Die Sonne scheint immer noch (es lebe die Sommerzeit) und Sie haben Lust, ein Bier zu trinken, draußen zu sitzen und den Leuten beim Trinken zuzusehen. Nun gehören Sie, Ihrem hoch entwickelten Intellekt sei Dank, nicht zu den Menschen, die den Lebensabschnittsgefährten – oder schlimmer noch: – Ehepartner, im selben Betrieb untergebracht haben. Und die geschlossen, sprich aneinander gekettet, den Nachhauseweg in einer Art Fortsetzung des täglichen Miteinanders antreten.

Sie sind entweder in der Situation, einen Partner draußen, in der freien Wildbahn aktivieren zu können, oder jemand wartet zu Hause auf Sie. Dann brauchen wir uns mit Ihnen ja im Moment nicht zu beschäftigen. Wenn Sie aber derzeit die Freiheit genießen, ad hoc entscheiden zu können, mit wem Sie Ihre Abende oder Wochenenden verbringen, sollten Sie einmal einen winzig kleinen Moment taktisch denken.

Der Kollege XY ist, das haben Sie über seine Mitarbeiterin erfahren, in einer vergleichbaren Situation. Der verheiratete Wunderknabe zwei Stockwerke höher hat zwar einen unfassbaren Charmefaktor mehr, bleibt aber bitte auch weiterhin tabu. Es ist zu mühsam, sich mit derart eindimensional festgelegten Menschen aueinander zu setzen.

Damit Sie mich nicht missverstehen: Reden mit ihm, sich austauschen über die vielen Dinge, die er genauso wie Sie einschätzt, gehört nach wie vor zu den kleinen Vergnügungen, die das Bürospektrum zu bieten hat.

Dann rufen Sie doch den Netten, den ungebundenen Freigänger, einfach mal an. Sie haben als smarte Karrierefrau den unschätzbaren Vorteil, dass Sie auch von Ihren männlichen Kollegen etwas haben können, was Sie wollen: nämlich nur das Beste. Vielleicht ist er der größte Entertainer, der auf Gottes Erdboden herumläuft. Gut. Lassen Sie sich von ihm unterhalten. Er ist ein richtig belesener Romantiker? Noch besser, dann können Sie alle gerade von Ihnen gelesenen Bücher mit ihm durchgehen und haben den unschätzbaren Vorteil, dass Sie sich, wenn Sie genügend philosophiert haben, von ihm verabschieden können. Er ist ein softer Romantiker? Wie schön. Dann kann es Ihnen passieren, dass Sie am späten Abend mit einem Rosenstrauß im Arm nach Hause zurückkehren und Sie sich endlich mal wieder wie eine richtige Frau angehimmelt fühlen.

Der große Pluspunkt ist, dass Sie autark sind. Denn Sie bestimmen die Grenzen, die nicht überschritten werden können. Haben aber die große Möglichkeit, innerhalb der von Ihnen festgesetzten Linien auszuloten, wie angenehm Männer sein können, mit denen Sie, geschützt durch Ihre gemeinsame Arbeit, auch Privates unternehmen.

Außerdem werden Sie auf so angenehme Art und Weise auch mehr über Ihr Unternehmen erfahren, denn die Gesprächslücken, die auftauchen können, lassen sich gut schließen, indem Sie Interna austauschen. Locker beim Bier. Die Nummer hatten wir doch schon einmal bei den berühmten Treffen der männlichen Mitglieder von Seilschaften-Expeditionen. Sie werden überrascht sein, wie mitteilsam auch Männer sind, wenn man sie mal an die frische Luft lässt. Will heißen, wenn man sie außerhalb ihres täglichen Kerkers, ihres gemeinsamen Arbeitsplatzes, trifft.

Eine Meisterin im Aussuchen passender Begleiter ist Hollywood-Superstar Jodie Foster. Die Oscar-gekrönte Schauspielerin, Produzentin und Regisseurin hat es geschafft, dass weder Fans noch Presse sonderlich viel Gedöns um ihre sexuellen Präferenzen machen.

Ob sie nun mit einer Lebensgefährtin samt künstlich gezeugten Kindern zusammenlebt oder nicht, ist total egal. Intelligent wie sie ist, tritt sie bei offiziellen Gelegenheiten mit den tollsten Typen aus dem Showbiz auf. Einer davon war Russell Crowe. Mit dem kam sie Hand in Hand zu einer Preisverleihung und jeder, wirklich jeder fragte sich, ob sie nicht vielleicht doch …

Vermutlich nicht, aber sie nutzte die Situation, um zwei Dinge gleich auf einmal zu regeln. Sie gibt Fans und Gegnern gleichermaßen Gelegenheit, aufs Neue zu spekulieren, ob sie nicht doch etwas mit dem sensiblen Raubein hat, ob er nicht vielleicht sogar der Vater ihrer Kinder sein könnte. Und sie nutzt die gemeinsame Zeit mit ihrem männlichen Begleiter auf der anschließenden Party dazu, ausgiebig mit ihm zu plaudern. Jodie Foster, die ich bei einem Interview als extrem schöne und kultivierte Frau erlebt habe, gilt nicht nur wegen ihres überragenden Intellekts, ihres Universitätsabschlusses und ihrer persönlichen Integrität als eine der Leading Ladys innerhalb der von Männern dominierten Traumfabrik-Stadt.

Wichtig ist, dass sie auch eine der bestinformierten Filmfrauen ist, die das harte Business mitbestimmen. Der Klatsch, den sie auf Partys sammelt, ist bei der Umsetzung ihrer Filmpläne bares Geld wert. Und während eine Julia Roberts bei der Entgegennahme ihres Oscars ihren zwangsweise versammelten Kollegen einen peinlich hysterischen Freudentaumel zumutet und sich anschließend mit ihrem festen Beau Benjamin Bratt im Zweite-Wahl-Valentino-Outfit rundum fotografieren lässt, sitzt eine Jodie Foster gelassen im Kreis von Routiniers und Newcomern, um mit Informationen zu dealen. Cool. Erfolgreich. Clever. So wie Sie, die Sie Kontakte ausbauen.

So können Sie aber auch genauso gut mal die Visitenkarten durchgehen, die Sie beim letzten Seminar für »Fortgeschrittene und solche, die es werden wollen« eingesammelt haben. Da dämmert Ihnen was? Genau, da war der aufreizend ruhige Typ aus dem Konkurrenzunternehmen, der gerade mit dem Gedanken spielte, ein Angebot aus dem Ausland anzunehmen. Was hindert Sie denn nun daran, ihn anzurufen und einmal nachzufragen, ob er schon die Koffer gepackt hat? Nein, hat er nicht. Hat dafür aber heute unbegrenzt Zeit und hat genauso viel Lust, noch einmal über den verklemmten Seminarleiter herzuziehen. Wieder eine gute Gelegenheit, das Angenehme mit dem Nützlichen zu verbinden. Sie erfahren fast vertrauliche Anekdoten aus seinem Haus, Sie revanchieren sich mit einer fast realistischen Einschätzung Ihres Führungspersonals. Vielleicht ergibt es sich sogar, dass Sie ihn mit einem gut verschnürten Paket von sachdienlichen Hinweisen verabschieden, zum Beispiel, dass es nicht ganz undenkbar ist, dass Sie sich verändern möchten.

Ach ja, und wenn Sie ganz einfach nur Lust haben, sich wieder einmal wie Bolle zu amüsieren, laden Sie doch Ihre netteste Kollegin zur After-Work-Party in der angesagtesten Disco der Stadt ein. Eine der besten Entspannungsübungen nach hart absolviertem Arbeitstag überhaupt. Geht schon um 19 Uhr los, erreicht um 21 Uhr den ersten Höhepunkt und läuft Open End. Größter Vorteil: Sie kreuzen ungestylt im Businessdress auf. Sie wollen nichts als Musik hören, und Sie treffen auf ähnlich ausgelaugte Typen wie Sie selbst es sind. Endlich mal kein totes Rennen mit nicht arbeitenden Mädels, die den lieben langen Tag nutzen, um sich so richtig schön auf den Abend vorzubereiten. Sollte Ihnen dort einmal Ihr Chef begegnen, gelten alle bisher aufgestellten Regeln nicht mehr. Dann können Sie mal – genau wie er – zeigen, wie Sie privat sind. Er wird sich revanchieren.

FIES: Genießen Sie Ihren Ruf als »einsame Karriereschnepfe«

In welcher desolaten Verfassung treffe ich Sie denn gerade an? Sie sind ein Beziehungskrüppel? Wie kommen Sie denn zu dieser uncharmanten Selbsteinschätzung? Sind Sie dem Vorurteil aufgesessen, dass erfolgreiche Karrierefrauen einsame Schnepfen sind? Aber nicht doch.

Ziehen Sie erst einmal in Ruhe Bilanz. Sie sind oder waren verheiratet respektive fest liiert? Sie haben im Augenblick keinen Bock auf eine feste Beziehung, einfach, weil Sie schon soviel Lähmendes erlebt haben? Weil Sie Ihren Erlebnishorizont jetzt ganz enorm erweitert haben? Weil

Sie einiges nachholen möchten, wovor Sie sich bisher gedrückt haben?

Was ist daran so schlimm, dass Sie sich gleich minderwertig vorkommen, nur weil Sie keinen festen Partner haben wollen? Zur Zeit. Sie sind, so scheint es mir, den vielen Meinungen bretterhart verheirateter Kollegen aufgesessen, die mit Verzückung im Blick – möglichst freitags – haarklein berichten, was sie am kommenden Wochenende alles zu zweit unternehmen wollen.

Und Sie denken nun darüber nach, ob die falsch ticken oder Sie, die Sie sich darauf freuen, endlich, endlich für eine begrenzte Stundenzahl, das zu tun, was Ihnen gerade in den Sinn kommt? Es gibt ein erprobtes Mittel, die Dissonanzen zu beseitigen, die in Ihnen aufkommen, wenn Sie Einzelheiten aus dem erfüllten Leben Ihrer Kollegen aufgetischt bekommen.

Stellen Sie sich einmal ganz kurz vor (aber bitte nur sehr kurz, denn Ihr Masochismus ist glücklicherweise begrenzt), Sie müssten tauschen. Mit den Kollegen X oder Y. Genau, die Vorstellung übersteigt Ihre Leidensfähigkeit. Also, nun betrachten Sie Ihren Ist-Zustand. Wenn Sie sich darüber ärgern sollten, dass ein Ihnen wichtiger Lebensabschnittspartner den Abgang gemacht hat, weil Sie ein solch schrecklicher Workaholic sind, dann entscheiden Sie sich – jetzt bitte. Sie hängen noch an ihm? Dann checken Sie einmal das gegen, was er Ihnen an Gründen für seine Flucht genannt hat. Sie waren zickig, schienen voll ausgelastet mit Ihrem Job und zeigten wenig Neigung, irgendetwas Privates zu veranstalten?

Dann sollten Sie jetzt nicht mehr über ihn nachdenken – zumindest nicht in diesem Moment –, sondern über sich.

Wenn Sie der Beschreibung ehrlicherweise zustimmen müssen, sind Sie in Gefahr. Nicht Ihre kostbare Beziehung. Die ist zweitrangig. Denn wichtiger ist, wie Sie mit sich selbst umgehen. Und dann ist Feinfühligkeit gegenüber sich selbst eines der gefragtesten Mittel überhaupt. Sie sind sich selbst das kostbarste Gut.

Ihre Chefs, Mitarbeiter, Lieblingskollegen und Vorzeigefeinde sind alle damit beschäftigt, sich selbst aufzubauen und Sie geschickt auszubeuten. Daran feilen alle. Wenn Sie zu den Frauen gehören, die sich ausbeuten lassen, müssen Sie hier und heute anfangen, Ihre Grenzen festzulegen.

Wir sind uns also einig: Sie wollen nicht bis zum Punkt äußerster Verhärmtheit in den Mauern Ihres Büros ausharren. Sie wollen nicht zum Spielball Ihrer unsensiblen Firmen-Lebensabschnittsgefährten werden. Dann checken Sie alle Argumente Ihres Ex-Lovers gegen. Und zwar auf den Nutzwert, den sie für Sie selbst haben. Sie wollen nämlich nicht seinem Bild entsprechen, aber Sie haben immer noch viel Vertrauen in seine Beobachtungsgabe.

Nun sehen Sie sich um in Ihrem derzeitigen Lebensumfeld. Sie sind wirklich eine eher zickig reagierende Frau im Berufsleben? Schlecht. Weil man Ihnen automatisch aus dem Weg geht. Sie haben meistens schlechte Laune? Schlecht. Weil man dann mit für Sie wichtigen Informationen geizt. Sie sind so ausgepowert, dass Sie kaum zuhören, wenn jemand mit Ihnen spricht? Ganz schlecht. Dann stehen Sie kurz vor dem seelischen und körperlichen Zusammenbruch.

Gönnen Sie sich erst einmal ein Erholungsprogramm. Nein, nicht so langweilig, wie es in Frauenzeitschriften immer propagiert wird, nach dem Motto: Fahren Sie in ein

Wellness-Hotel, lassen Sie sich verwöhnen, bla-bla-bla. Alles gut und schön.

Wenn Sie dafür a) keine Zeit, b) keinen Resturlaub, c) keine Lust oder d) kein Geld haben, dann benutzen Sie einfach Ihren Tagesablauf als Aufbaumethode. Lassen Sie sich bewusst Zeit, bevor Sie morgens zum Dienst erscheinen. Variieren Sie etwas, das Ihnen Spaß macht. Ja, ja, Sie wissen schon gar nicht mehr, was Ihnen Spaß macht. Kann man aber wiederentdecken. Vielleicht frühstücken Sie im Stehen an der Bar beim Italiener um die Ecke gerne – wie in Ihrem Urlaub in Italien. Dann zwingen Sie sich mal dazu. Macht Spaß.

Jetzt erst laufen Sie im Büro auf und verblüffen sich selbst damit, dass Sie lange im Damen-WC vor dem Spiegel stehen und wie Ally McBeal Ihren Lieblingssong singen. Egal, ob laut oder nur in Ihren Gedanken. Lachen Sie sich scheckig über die Freiheit Ihrer Gedanken. Etwas, was bisher bei Ihnen auf der Verbotsliste ganz oben stand. Und jetzt setzen Sie Ihren »wild exciting« Tagesablauf mit einem kleinen Flirt mit dem angenehm aussehenden jungen Mann aus der Nachbarabteilung fort …

Ist Ihnen alles viel zu blöd? Dann haben Sie schon einen gefährlichen Punkt überschritten. Nämlich sich als ganzheitlichen Menschen in Ihrem Arbeitsleben zu fühlen. Dann ist Ihnen fast schon nicht mehr zu helfen. Dann haben Sie den Kontakt zu Ihrem eigenen Ich verloren und gehören deshalb schon in den Cheftopf mit der Aufschrift: größere Verfügungsmasse. Da stecken viele drin und Sie sollten sich schleunigst wieder daraus entfernen.

Probieren Sie es mal mit dem Nachbartopf: exotische Wunderwaffen. Da kommen Sie schon deshalb besser drin zurecht, weil er so leer ist. In ihm hocken die wenigen Kreativen, jene, die mit einem schier unerschöpflichen Repertoire an ausgefallenen Ideen auf sich aufmerksam machen. Die immer dann ganz besonders gefragt sind, wenn alle gängigen Methoden ausgereizt sind. Und ein mürrischer Chef nach etwas verlangt, was es gemeinhin nicht gibt: Querdenker mit dem Mut zum potenziellen Ausstieg. Paradiesvögel, die sich nicht bis zum Spatzendasein anpassen und die die Traute haben, ganz unvermittelt, einmal die Wahrheit zu sagen. Der Höhepunkt der Exotik schlechthin. Eine ungeheuer beflügelnde Abwechslung für jeden Chef, der beim Anblick des mausgrauen Einheitsbreis seiner Mitarbeiter mitunter Depressionen bekommt.

Probieren Sie einmal aus, Ihren Radius zu erweitern. Das, was sich andere, und vielleicht auch Sie, bisher ausschließlich für die Zeit der Ferien aufgespart haben. Wenn sie endlich einmal so sein können, wie Sie wirklich sind. Seien Sie es jetzt und werfen Sie die selbst angelegten Handschellen ab. Sie denken manchmal über sieben Ecken. Nur zu. Wenn Sie damit an ein lukratives Ziel gelangen, folgt Ihr Chef Ihnen auch bei den verwickeltsten Gedankengängen. Er würde Ihnen sogar bis in den Vorhof der Hölle folgen, wenn es ihm denn nur etwas bringt.

Sie haben die besten Ideen, wenn Sie ein wenig spinnen. Dann los. Spinnen Sie und beobachten Sie einmal, wie begeistert man Ihnen folgt, einfach, weil Ihre Ausstrahlung sich um hundert Prozent verbessert hat. Sie wussten selbst nicht, dass Sie so sind? Dann wurde es aber Zeit, dass Sie sich selbst von der Leine gelassen haben. Dass Sie Ihre traurigen Verrenkungen im Dienste des Unternehmens gelassen haben. Häufig haben Sie sich nämlich an denen orientiert, die sich schon lange vor Ihnen in den Mechanismen eines Unternehmens verhakt haben.

Wenn Sie so weit sind, dass Sie nicht mehr, wie Ihre Kollegen, in mageren Zeitläufen wie von »Wochenende zu Wochenende« denken, wo »man« endlich wieder mal die häusliche Sau rauslassen kann, wenn Sie nicht in Scheibchen leben, sondern jeden Tag sich selbst spüren wollen, kann es Ihnen passieren, dass Sie der bisher so krampfhaft angepeilte Erfolg wie von selbst ereilt. Ist aber kein Geschenk des Himmels. Sondern nur eine verdiente Antwort auf eine kompakte Frau: Sie selbst.

So, und nun haben Sie auch wieder Kapazitäten frei, um Ihren Ex-Freund zurückzuholen. Versuchen Sie es einmal mit Pfeifen. Das können Sie wie Humphrey Bogart und Lauren Bacall realistisch umsetzen, Sie können es aber auch mit einem arrangierten Treffen regeln, indem Sie – auch hier – die Lockerheit in Person sind. Was fehlt Ihnen eigentlich, wenn es nicht klappen sollte? Ehrlich gesagt, nichts.

Sie sind nämlich dann offen für etwas Neues, was in Ihrem Leben überhaupt zu fehlen schien. Und wie gesagt, der angenehm aussehende junge Mann aus der Nachbarabteilung bringt einen unschätzbaren Vorteil mit sich. Er kennt viele Ihrer Probleme, kann mit Ihnen wahnsinnig vertraut über die üblen Gestalten Ihres täglichen Umfeldes plaudern und Sie können es sich sparen, mühsam herauszufinden, ob wenigstens ein Teil seiner Lebensgeschichte, die er Ihnen auftischt, stimmt: der Name des Betriebes, in dem er arbeitet. Der ist Ihnen nun wirklich geläufig. Und deshalb können Sie sich entspannt dem Wahrheitsgehalt seiner anderen Behauptungen widmen. Dass er ein guter Liebhaber ist zum Beispiel.

Falten Sie Papiertiger elegant zusammen

Fein: Männliche Team-Schmarotzer enttarnen

Sie gelten gemeinsam mit Ihrem Kollegen XY als das schlichtweg beste Team im Laden. Alle wirklich schwierigen Aufgaben landen auf Ihrem Schreibtisch. Wie? Auf Ihrem? Genau. Das ist ja das Problem. Sie haben gar nichts dagegen, dass Ihr Chef den gloriosen Einfall hatte, Sie zu »teamen«. Zu zweit geht ja bekanntlich alles besser, aber dass Sie die Arbeit erledigen, und er den Dank der Führung einheimst, geht dann doch zu weit. Ja, aber warum haben Sie es denn so weit kommen lassen?

Warum haben Sie sich nicht gleich über das Andocken einer männlichen Lusche beschwert? Warum nicht früh genug Alarm geschlagen? Genau, weil Sie relativ gutmütig sind und Sie es nie gelernt haben, sich gegen Übergriffe jedweder Art zu wehren. In Ordnung, Sie haben einen Selbstverteidigungs-Kurs mit Zertifikat abgeschlossen. Chapeau. Es geht nichts über einen angstfreien Nachhauseweg. Aber warum haben Sie sich noch nicht im wesentlich zeitintensiveren Arbeitsabschnitt eines jeden Tages darum gekümmert, dass man Ihnen nicht die Butter vom Brot nimmt?

So weit, so schlecht. Versuchen Sie also, die Ungerechtigkeit gerade zu rücken. Fangen Sie an, jeden Ihrer Arbeitsschritte zu dokumentieren. Verfassen Sie Zwischenprotokolle über den Stand Ihres Wirkens und lassen Sie sie

Ihren Chefs zukommen. Im Moment ist es gleichgültig, ob die sie gleich zur Kenntnis nehmen oder nicht. Sie fühlen sich fürs Erste schon ein wenig besser.

Beginnen Sie zu delegieren. Ich weiß, eine schwere Übung für jemanden, der bisher fast alles allein gemacht hat. Und genau dafür auch gelobt wurde. Deshalb kann ich Ihre persönliche Fehleinschätzung verstehen, dass Sie glaubten, Ihre ständige Selbstüberforderung habe zu Ihrem guten beruflichen Standing beigetragen.

Es hat nur dazu geführt, dass Sie ausgebeutet werden. Und zwar konstant. Und dass man Ihnen dann zu allem Überfluss auch noch Luschen wie Ihren derzeitigen Dreamteam-Kollegen an die Seite stellt, und zwar nur, damit Sie den motivieren, mehr zu leisten. Der ist aber nicht die Bohne so sensibel veranlagt wie Sie und schlichtweg nur dankbar, dass ihm jemand die viele Arbeit abnimmt. Und da Sie wie viele Ihrer Geschlechtsgenossinnen auch noch ungeduldig sind, und dazu neigen, lieber schnell etwas selbst zu erledigen, ehe Sie zeitaufwändige Erklärungen abgeben, kommen Sie aus Ihrer Zwangslage nicht heraus. Müssen Sie aber. Sonst läuft nichts so, wie Sie es gerne hätten.

Sie beginnen nun damit, Ihre eigene Arbeit zu dokumentieren. Immer unter dem für Sie entlastenden Vorwand, dass Sie nicht den Überblick verlieren wollen. Besser noch, wenn Sie anfangen, genauso penibel aufzuschreiben, wann und was Sie an Ihren Kollegen abgegeben haben. Nichts anderes heißt delegieren. Sie weisen ihm Aufgaben zu, die er bis zu einem bestimmten Zeitpunkt erledigt haben muss. Spielen Sie einfach einmal für kurze Zeit den Typen am Postschalter.

Ja, genau so eine Trantüte, die Ihnen schon lange den letzten Nerv raubt, wenn Sie in die Zwangslage kommen, ein Päckchen befördern lassen zu wollen. Ich weiß genau, wie das für Sie ist. Erst stehen Sie nahezu stundenlang an, dann sind Sie endlich dran, dann muss der Beamte noch kurz den Satz, den er mit seinem Kollegen gerade wechselt, zu Ende bringen, dann quält er Sie mit der Frage, ob Sie eine Quittung ausgedruckt haben wollen, und wenn Sie das verneint haben, müssen Sie womöglich doch noch eine Paketkarte ausfüllen, weil Ihr Päckchen leider nicht der Normvorschrift entspricht. Ich weiß, dass Sie dann mit geschwollener Halsmuskulatur das Weite suchen. Das Schlimme ist nur, der betreffende Beamte wird sich anschließend bei seinem Kollegen im Brustton der selbstgerechten Überzeugung darüber mokieren, dass die unfreundlichsten und unmöglichsten Kunden immer an seinem Schalter landen.

Sie sollen diesen Typus Werktätige nicht imitieren. Bitte nicht. Aber gehen Sie doch einmal genauso methodisch vor, um Ihren Kollegen ein wenig zu verunsichern. Führen Sie sich alle Formalien vor Augen, die Sie bei Ihrer Arbeit beachten müssen. Genau die erörtern Sie jetzt kontinuierlich mit Ihrem Kollegen. Er muss Okays einholen. Er muss Telefonate führen, deren Ergebnis Sie dringend zum Fortlauf Ihres gemeinsamen Projektes brauchen. Kurz: Er muss Arbeitsnachweise bringen. Wenn dies alles nicht dazu führt, dass er sich in Bewegung setzt, müssen Sie sich überwinden und Ihr offensichtlich stark ausgebildetes Helfersyndrom ausschalten.

Sie müssen es darauf ankommen lassen, dass Ihre kostbare Arbeit scheitert. Dass Sie zu Ihrem Chef zitiert werden und dort kenntlich machen müssen, warum etwas nicht klappen konnte. Das hat nichts mit Bösartigkeit zu tun. Im Gegenteil, es ist eine Art Notwehr gegen Ihren ignoranten Kollegen, der sich entweder überhaupt keine Gedanken über seinen Joberhalt macht oder vielleicht eine Strategie fährt, um Sie zu demontieren. Aber seien wir einmal nicht so misstrauisch. Glauben wir einfach, dass er tatsächlich die Lusche ist, als die er sich gibt.

Wenn Sie sich nicht überwinden können, eine gewisse Form von persönlicher Selbstverteidung in Ihrem Arbeitsleben zu praktizieren, sollten Sie Ihren Co-Kollegen zu etwas ganz anderem machen: Ihrem persönlichen Hiwi, der nichts anderes zu tun hat, als Ihnen das Leben so angenehm wie möglich zu gestalten. Schicken Sie ihn zum Kaffeeholen (aber immer schön frisch, Sie bekommen sonst eine Gastritis), lassen Sie ihn Tische für Sie beim Italiener reservieren, zwingen Sie ihn dazu, Ihren Schreibtischstuhl auf die gewünschte Höhe einzustellen und machen Sie ihn mit dem fachlich einwandfreien Umgang mit dem Kopierer vertraut.

Zwei Fliegen mit einer Klappe: Ihr Leben wird wirklich einen Tick angenehmer, und Sie haben jetzt nur noch eine Aufgabe: die Präsentation Ihrer Arbeit allein durchzuziehen. Sollte ein gemeinsamer Auftritt bei Ihrem Chef unumgänglich sein, zeigen Sie Ihrem »Partner« einmal kurz die Instrumente, nämlich ihn bei der Präsentation gnadenlos mit seinem fehlenden Detailwissen vorzuführen, und schlagen Sie ihm eine knackige Krankmeldung vor.

Er wahrt sein Gesicht, und Sie haben ausreichend Möglichkeit, sich bei Ihrem Chef so zu zeigen, wie Sie sind: umfassend kompetent, in Notfällen über sich hinauswachsend und angenehm im Vortrag. Bei der nächsten Team-

Zusammenstellung sollten Sie allerdings den richtigen Weg gehen. Einen anderen Kollegen anfordern, einfach, weil der besser für das spezielle Thema geeignet sei, oder Sie bitten einfach darum, dass man Sie allein arbeiten lässt. Mit welcher Begründung? Weil Sie die Herausforderung brauchen, sich auch einmal allein – ohne Hilfe eines fähigen Kollegen – beweisen zu können.

Damit erhöhen Sie zwar den Druck für sich selbst. Sie können dafür aber auf das tägliche Hadern mit sich selbst verzichten: Ihr Gefühl, schon wieder einmal nicht im entscheidenden Moment das gesagt zu haben, was Sie denken. Und das ist für Sie im Moment wichtiger als eine noch so effizient geartete Arbeitsentlastung. Glückwunsch.

FIES: Rempler entschärfen und notorische Frauenhasser killen

Es geht Ihnen schon lange auf den Keks? Dass einige Ihrer Kollegen es nicht lassen können, kleine Fußangeln für Sie auszulegen? Nach dem Motto »Sie waren gestern Abend ja leider nicht mehr da. Deshalb bin ich noch einmal in die Firma gefahren, um mich um das Problem XY zu kümmern. Es ließ mir einfach keine Ruhe. Und ich weiß ja, dass Sie Ihr Kind ins Bett bringen mussten …« Dies immer schön laut vorgetragen, wenn der Chef in der Nähe ist und Sie sich zum Beispiel beim gemeinsamen Kantinenessen mit einem hochroten Kopf unter den Tisch verkriechen wollen, um sich nach der nicht heruntergefallenen Gabel zu bücken. Lassen Sie das in Zukunft und schauen Sie sich den Typen näher an.

Meistens ungebunden oder aber gut aufgehoben in einer festen Beziehung. Deshalb völlig ohne innere Bindung an irgendwen oder irgendwas. Sein Leben verläuft in so genannten festen Bahnen. Sie sind eine erstklassige Fachfrau in Ihrem Arbeitsbereich, verheiratet oder in einer Partnerschaft, haben ein oder mehrere Kinder und üben den täglichen Wahnsinn einer doppelt belasteten Frau aus. Also den normalen Veitstanz, dessen Verrenkungen nie Ihrem perfekten Anspruch an sich selbst genügen.

Damit sind Sie einem potenziellen Rempler schon hilflos ausgeliefert. Der muss sich im Zweifelsfall – selbst wenn er Kinder haben sollte – nicht dem täglichen Kampf im Supermarkt oder gar der Herausforderung mit stündlich anwachsenden Schmutzwäsche-Bergen stellen. Er hat Ihnen gegenüber noch einen weiteren Vorteil: Er weiß um Ihre Achillesferse – Familie oder noch desaströser: ein Dasein als allein erziehende Mutter – und nutzt Ihre angespannte Situation gnadenlos aus.

Es hilft nichts, da müssen Sie durch. Sie können nämlich nicht zu Ihrem Chef gehen – vorbeugend sozusagen, und um Unterstützung bitten. Denn Ihre Situation hat Ähnlichkeit mit der einer Frau, die sich von ihrem wild gewordenen Ehemann oder Lover körperlich bedroht fühlt und von der Polizei mit der Bemerkung vertröstet wird: Wenn er Ihnen etwas getan hat, greifen wir sofort ein.

Schieben wir diese entsetzliche Situation hier jedoch beiseite, und kommen wir zu Ihrem speziellen Problem zurück. Sie müssen als Erstes den Wettlauf mit diesem Kollegen unterbinden. Er wird Ihnen nicht den Gefallen tun, und auf sein kleines Spielchen verzichten. Sie müssen jedoch für sich beschließen, es schlicht und einfach zu ignorieren. Vornehm darüber hinwegsehen. Vorerst. Auch wenn es Ihnen zunächst schwer fallen mag.

Lassen Sie die Finger von allem, was Sie nicht gewinnen können. Und der Kampf gegen einen unsensiblen, also ganz normalen Mann, ist ein totes Rennen. Er hat im Zweifelsfall sogar eine Frau an seiner Seite, die sein Mobbing gegen Sie unterstützt. Schließlich will sie ja, dass ihr Ernährer reüssiert. Solidarität von Frauen – im wirklichen Leben – ist so oft anzutreffen wie der Dalai Lama in Ihrem bevorzugten Einkaufszentrum. Nicht etwa weil alle Frauen stutenbissig wären. Nun fallen Sie mal nicht selbst in Stammtisch-Fantasien der Vor-68er-Männerwelt zurück. Die Lebensgefährtinnen extrem unfair agierender männlicher Kollegen wissen häufig gar nichts von Ihnen, schon gar nicht von Ihrer Notsituation.

Sie sind nur eine anonyme Konkurrentin im Kampf um dessen Karriereaufstieg, und da wird im Zweifelsfall das eigene Männchen halt stärker unterstützt. Glauben Sie nicht, dass Ihr biestiger Konkurrent von Ihnen zu Hause anders spricht als gegenüber Ihren gemeinsamen Kollegen. Er wird sich mit Ihren vermeintlichen Schwachstellen sehr genau auseinander setzen und alles, was eine Solidarität bei seiner Lebensgefährtin auslösen könnte, vorsichtshalber ausblenden. Sie werden im Zweifelsfall immer die Lusche sein, die dazu beiträgt, dass er nahezu jeden Tag Überstunden machen muss. Wo er die verbringt, bleibt sein Geheimnis.

Sie werden auf jeden Fall auch in Zukunft Ihr Arbeitspensum genauso wie bisher erstklassig erledigen. Dann werden Sie sich überwinden und Ihren Rambo-Kollegen in Ihr Wirken integrieren. Kann sein, dass Ihnen meine Empfehlung im Augenblick ganz furchtbar auf den Magen schlägt. Aber Sie werden sich bald besser fühlen. Warten Sie nur ab.

Ab jetzt wird er von Ihnen vereinnahmt, und Sie werden Tag für Tag Ihre ganz speziellen Probleme mit ihm diskutieren. Sie haben beispielsweise einen genau festgelegten Tagesablauf, da Ihr Kind noch klein ist und die Tagesmutter nur zeitlich begrenzt da sein kann. Dann werden Sie ihn mit einem Stundenplan Ihrer kostbaren Zeit zumüllen. Der wird gut sichtbar in seinem Büro aufgehängt.

Sie sind gerade auf dem Weg, ihn mit seinen eigenen Waffen zu schlagen, nur, Ihrem Format entsprechend, viel eleganter. Sie werden ab jetzt nicht mehr mit schlechtem Gewissen aus dem Unternehmen hetzen und dabei genau wissen, dass er hinter Ihrem Rücken dummes Zeug über Ihre Nichtverwendbarkeit als vollwertige Arbeitskraft verzapft. Nein. Sie sind eine souverän offen taktierende Frau mit extrem guten Managerqualitäten: nämlich aus einer begrenzten Zeit das Maximum herauszuholen.

Binden Sie ihn mit großzügig vorgetragenen Informationen über den Stand Ihrer Arbeit ein, machen Sie sich so durchsichtig wie Glas und holen Sie dann zum alles entscheidenden Schlag aus: Informieren Sie Ihren Chef über Ihr vorbildliches Verhältnis zu Ihrem Kollegen. Chefs lieben es, wenn Ihre Untergebenen gut miteinander auskommen. Sie wundern sich zwar ganz im Geheimen darüber, aber Sie wissen ja, jeder Chef hat noch einen über sich und die, die ganz, ganz oben sitzen, also Lichtjahre von den Niederungen des alltäglichen Miteinanders entfernt, schätzen reibungsloses Verstehen unter den anonym werkelnden Gehaltsempfängern ganz besonders hoch ein.

Das ist modern. Das ist zeitgemäß. Das ist einfach top. Sie müssen eigentlich nur das tiefere Verständnis von modernem Management in Ihre Realität integrieren. Sie müssen, genau wie bei Ihrem Umgang mit den abgenutzten Schlagwörtern wie Teamworking, den tieferen Sinn herausfiltern und für sich nutzen. Ist es nicht so, dass Sie bisher immer angstvoll registriert haben, dass die Schlagwort-Wunderwaffen den Chefs dienten? Jetzt drehen Sie den Spieß um und ziehen Vorteile für sich aus Ihrem tieferen Wortsinn-Verständnis. Darf man. Ist absolut legitim, weil Sie nicht angreifbar sind.

Den Chef müssen Sie mir erst einmal zeigen, der es wagen würde, Ihnen bei so viel Transparenz im Handeln Negatives zu unterstellen. Kann er schlicht und einfach nicht. Er wird nämlich mit den eigenen Waffen geschlagen. Dem Zeitgeist. Es gibt heute nichts Wichtigeres für Leitende, als dem zu entsprechen. Da niemand so ganz genau weiß, was das eigentlich ist, bleiben alle ein bisschen im Verständnisansatz hängen und es endet so wie mit des Kaisers neuen Kleidern …

Sie müssen nicht unbedingt so weit gehen, Ihren Rempler zum Patenonkel Ihres Kindes zu machen. Bringt aber viel Spaß innerhalb der familiären Wände, wenn Sie so viel Gutes tun. Dann machen Sie sich klar, dass Sie als doppelt belastete Frau einen Trend praktizieren. Ja.

Stars wie Catherine Zeta-Jones oder Calista Flockhart machen es Ihnen doch vor. Nicht genug, dass beide eine Mega-Karriere hinlegen, die eine auch noch Michael Douglas geheiratet hat – beide tauchen mit ihren Kindern sogar auf dem Set auf. Calista, besser bekannt als neurotische

Rechtsanwalts-Zicke Ally McBeal, hat sogar ein Baby adoptiert, um endlich dem Bild einer modernen Frau zu entsprechen: top erfolgreich, stink-reich und noch eine aufopferungsvolle Mutter dazu.

Beide lieben es, mit ihren Minisprösslingen auf dem Arm, einen Packen Windeln im Supermarkt erstehend, von Paparazzi abgelichtet zu werden. Möglichst ungeschminkt und mit strähnigen Haaren unter leicht schmuddeligen Kappen. In einen übergroßen Geländewagen steigend, der symbolisiert, dass sie sich schon seelisch darauf vorbereitet haben, ihre Sprösslinge – trotz Zeitdrucks – eigenhändig zum Kindergarten und dann zur Schule zu chauffieren.

Denken Sie bitte auch an Jodie Foster, die nicht nur Oscar-gekrönte Mimin, sondern auch Produzentin und Regisseurin ist – und das alles im Macholändle Hollywood. Die ist jetzt gerade mit ihrem zweiten Kind schwanger. Wie sie das geschafft hat, ist, da sind Sie sicher mit mir einig, ganz allein ihre Sache – und die ihrer Ärzte. Aber auch sie wird – genau wie Sie – als Super-Mom ihre Karriere mit demselben Drive fortsetzen wie zuvor. Und damit beweisen, dass ihr tägliches Leben dem ihrer überforderten weiblichen Fans entspricht.

Was können jedoch Sie, eine aufstrebende Fachkraft, eindeutig weiblich und ledig, mit dem Kollegen machen, für den Sie wegen genau dieser Merkmale ein rotes Tuch sind?

Zunächst einmal führen Sie sich vor Augen, dass er im Steinzeitalter des Geschlechterkrieges aufgewachsen ist, also zu Zeiten, die Ihnen immer vorkommen, als habe das Leben in Schwarzweiß-Bildern stattgefunden, einfach weil die Farbfotografie noch nicht für jeden erschwinglich war.

Ja: Solche Fossile können sich Ihnen immer noch in den Weg stellen. Sie sind noch nicht ganz ausgestorben. Und für die sind Exemplare wie Sie, gut ausgebildet, hochintelligent, clever und schick, Prototypen aus einem Fabelreich. Einem, in dem noch Hexen auf Besen reiten und Männer diejenigen sind, die als Frosch geküsst werden und als Prinz auf einem Schimmel zurückkehren.

Okay, kommen wir wieder auf Ihr Jetzt-Zeit-Niveau zurück. Sie können Ihren Frauenhasser zu Ihrem väterlichen Freund machen. Viel Reden, viel Verbiegen, viel Sich-überwinden-Müssen. Ich gebe zu, es ist mühsam. Aber nicht unehrenhaft. Bedeutet aber, dass Sie sich auf seinem Boden bewegen. Und immer ein Stück weit unter Ihren eigentlichen Möglichkeiten bleiben. Also nicht passend für Sie.

Dann bleibt Ihnen nichts anderes übrig, als ihn zu neutralisieren. Wenden Sie die schon erprobten Mittel von ernsthaft geführten Gesprächen an, in denen Sie ihm ausreichend Gelegenheit geben, von seinen Feldzügen '70/'71 zu erzählen. Ich weiß, es kommt Ihnen immer so vor, als seien es die vom 1870er Krieg, aber über solche Petitessen können Sie sich doch hinwegsetzen, nicht wahr?

Vielleicht tun Sie ihm einen Gefallen, indem Sie Ihren eigenen Vater (oder Onkel oder Nachbar ...) kurz zweckentfremden und ihn einmal in Ihr Büro mitnehmen, wo er Ihrem Problemfall rein zufällig über den Weg läuft. Wenn Sie solch ein tapferes männliches Exemplar haben, das sich für Sie mit Ihrem Frauenhasser kurzfristig anfreundet, sind Sie gut dran. Ihr militanter Gegner wird Sie lieber an sich vorbeiziehen lassen, um ja nicht den Kontakt zu Ihrem netten Anhang zu verlieren.

Sollte Ihr nahezu klinischer Fall von Frauengegner allerdings sehr viel jünger sein, wird die Situation schon ernster. Es gibt eine zugegebenermaßen ein wenig rüde Methode, die ich Ihnen gar nicht erst vorschlagen möchte. Etwa bei einer gemeinsamen Fahrstuhlfahrt, an der selbstverständlich kein Dritter teilnimmt, davon erzählen, dass es Frauen geben soll, die bei der Frauenbeauftragten des Unternehmens schon einmal von einer nahezu sexuellen Nötigung Ihres Kollegen berichtet haben, obwohl ... Nein, nein, diese Variante erzähle ich Ihnen erst gar nicht. Die kommt überhaupt nicht in Frage.

Aber was spricht dagegen, dass Sie sich mit ebendieser Frauenbeauftragten anfreunden? Und dass Sie es so einrichten, dass Ihr notorischer Frauenhasser jüngeren Geburtsdatums Sie beide häufiger beim gemeinsamen Lunch herzlich miteinander lachen sieht. Es könnte durchaus sein, dass der Anblick schon ausreicht. Zusätzlich notieren Sie bitte alle Sprüche, die der betreffende Kollege Ihnen gegenüber macht, mit Datum und Uhrzeit – und möglichen Zeugen.

Außerdem zwingen Sie ihn bitte, mögliche sexistische Äußerungen Ihnen gegenüber noch einmal zu wiederholen unter dem dezenten Hinweis Ihrerseits: »Würden Sie das bitte noch einmal wiederholen. Ich habe gerade nicht genau zuhören können.« Und ziehen Sie anschließend ein kleines Aufnahmegerät aus Ihrer Jackentasche. Dass darauf lediglich Ihre Lieblingshits von BoyZone gespeichert sind, müssen Sie ihm nun wirklich nicht auf die Nase binden. Ich denke, Sie werden bald wieder freier durchatmen und sich endlich mir dem beschäftigen, was Ihnen das allerwichtigste ist: Ihrer Arbeit – und deren Früchten.

An der Spitze sein und bleiben

Fein: Führen Sie Ihre Mitarbeiter – aber nie vor

Zucken Sie immer noch zusammen, wenn jemand »Chefsache« sagt? Schauen Sie sich dann immer noch suchend um, prüfend, wer gemeint sein könnte? Na, Sie natürlich.

Sie haben es geschafft, sind ganz oben angekommen, bekommen jeden Tag die internen Hausmitteilungen auf den Schreibtisch gelegt und blicken schon streng, wenn Ihre Sekretärin morgens einmal nicht mit der Tasse Ihres Lieblingskaffees vor Ihnen steht. Und es macht Ihnen Spaß, laut nach dem nächstmöglichen Angestellten zu verlangen, dem Sie unbedingt jetzt und sofort eine Standpauke halten müssen?

O Gott, o Gott. Ist es so schlimm? Und da wundern Sie sich, dass alle Ex-Kollegen der netteren Sorte einen Riesenbogen machen, wenn Sie auf dem Flur gesichtet werden? Dass man eine Art Gasse bildet, wenn Sie einen Raum betreten? Dass niemand mehr Ihre Durchwahl anwählt, um Ihnen den neuesten Klatsch aus der Kantine zu erzählen? Niemand Anstalten macht, Sie auf Heckenschützen aufmerksam zu machen, die in den Gräben hocken und Munition gegen Sie sammeln?

Macht macht einsam. Hat Ihnen das niemand vorher gesagt? Es ist sicher übel, dass jetzt, wo Sie endlich im größten und schönsten Zimmer des Hauses residieren, niemand mehr im neuen, aparten, kleinen Besuchersessel Platz nimmt, einfach um Ihnen zu sagen, dass Ihre Frisur samt Colorierung das Schönste ist, was er seit fünf Wochen gesehen hat.

Jetzt balancieren alle ungemütlich auf der vordersten Kante, schauen geflissentlich an Ihnen vorbei und machen den Eindruck, ein Treffen mit der verhassten Schwiegermutter zu überstehen. Sie sind froh, wenn sie das Weite suchen können. Und die Blumen, die auf Ihrem Schreibtisch stehen, bezahlen Sie selbst (oder Ihr Unternehmen), weil Sie persönlich den Dauerauftrag unterschrieben haben.

Nun mal genug des Selbstmitleids. Sie haben sich selbst mit Ihrer Klugheit und Ihrem Können in diese Situation gebracht, und Sie konnten es noch vor einiger Zeit überhaupt nicht erwarten, so angenehm leiden zu müssen. Sie haben sicher seit Ihrem Amtsantritt ganz furchtbar viele gute Ideen in Umlauf gebracht. Ganze Bataillone von Mitarbeitern rotieren auf ein Schulterzucken von Ihnen hin, und Ihre Putzfrau wird Sie sicher an jedem Dienstag und Freitag, wenn sie kommt, hochachtungsvoll mit »Frau Direktor« oder »Frau Abteilungsleiterin« anreden. Das hat doch was. Oder nicht?

Sehr viel mehr hat sich vermutlich nicht geändert seit Ihrer Beförderung, und es wird genau diese Tatsache sein, die Sie so fertig macht. Sie bleiben nämlich, egal, wie hoch Sie steigen, Sie selbst. Stehen morgens mit sich auf und gehen abends mit sich zu Bett. Das, was Ihre Umgebung dazwischen von Ihnen mitbekommt, ist das Bild, das Sie vermitteln.

Wenn Sie jedoch den Chef nur spielen, ist die Distanz zu Ihrem wahren Ich ein bisschen zu groß. Und an diesem

»bisschen« haben Sie zu knabbern. Es ist nämlich genauso mühsam und kraftraubend wie früher, sich zu verstellen. Als Sie eine Zeit lang krampfhaft versuchten, Ihre ehrgeizeigen Gedanken hinter einem Pokerface zu verstecken. Und damals haben Sie doch auch die Erfahrung gemacht, dass Sie erst dann wirklich weiterkamen, als Sie sich Verbündete suchten. Als Sie wenigstens bei den richtigen Mitstreitern Ihre Maske fallen lassen konnten und dafür Unterstützung kassierten.

Was hindert Sie jetzt dran, genau diese Methode erneut anzuwenden? Sie vergeben sich überhaupt nichts, wenn Sie Ihren Mitarbeitern deutlich machen, dass Sie deren Anstrengungen mit Dankbarkeit quittieren.

Es gibt eine große Unternehmerin in Deutschland, die an der Seite ihres Mannes ein Imperium mit aufgebaut hat. Regine Sixt. Eine Frau, die ungeheuer quirlig mit einem untrüglichen Instinkt für das Jetzt und Heute, für das Machbare und das Visionäre dazu beigetragen hat, dass der Name Sixt ein Synonym für erstklassigen Service geworden ist.

Sie sollten diese Powerfrau einmal erleben, wenn sie mit ihren Mitarbeitern und den Vertretern ihrer ausländischen Mietwagenstationen ein Firmenfest auf der »Wiesn«, dem Münchner Oktoberfest, gibt. In ihrem Dirndl saust sie durch die Reihen, kennt jeden Mitarbeiter mit Namen. Stellt rührend persönliche Fragen, verteilt Lob samt passender Begründung, reißt Müde aus ihrer Lethargie und bestätigt mit viel Charme Partnern, die richtige Allianz eingegangen zu sein. Sie zeigt offen ihre Dankbarkeit, eine Valuta, die den Laden intern am Laufen hält.

Madeleine Albright, die Ex-US-Außenministerin an Bill Clintons Hof, kompensierte ihr mörderisches Arbeitstempo mit einer fast mütterlichen Aufmerksamkeit gegenüber ihren engsten Mitarbeitern. Als sich ihr Sprecher James Rubin, von ihr fast wie ein Ziehsohn gefördert, in die toughe CNN-Kriegsberichterstatterin Christiane Amanpour verliebte, half sie dem Paar bei seinen Versteckspielen und gab sogar seinem Bitten um seine Entlassung nach. Er wollte als Teilzeit-Hausmann die Karriere seiner Frau unterstützen. Keine Intrigen, ihren wichtigsten Mitarbeiter zu halten. Keine bösen Worte nach seinem Ausscheiden. Sie blieb weiterhin die engste Vertraute des attraktiven Paares.

Sie glauben gar nicht, wie sehr das ihre verbliebenen Mitarbeiter für die intern liebevoll »Big Mama« genannte Lady eingenommen hat. Dass die Dame außerdem noch berückend locker zu Popsongs tanzen kann, beweist nicht zuletzt ihr Auftritt im TV-Spot für eine Hilfsorganisation.

Etablieren Sie doch in Ihrem Laden eine Art wöchentlichen Jour fixe, bei dem Sie stets wechselnde Teilnehmer einladen. Zum Gedankenaustausch, bei dem »off the record« gesprochen werden darf. Bei dem niemand Angst haben muss, Sie würden ihm anschließend die Bezüge kürzen, nur weil er Sie auf Fehler in Ihrem Management hingewiesen hat.

Sie müssen wissen, dass es jetzt wie ein Ritterschlag auf Ihre Mitarbeiter wirkt, wenn Sie jemanden in Ihre Nähe lassen. Ein Machtspiel, dass Sie wohldosiert einsetzen können. Verteilen Sie öffentlich Lob für einzelne Mitarbeiter.

Möglichst in den Konferenzen, die Sie früher als so quälend destruktiv erlebt haben. Drücken Sie der ehemals so tristen Veranstaltung Ihren Stempel auf. Sie signalisieren, dass Sie Teil des Ganzen sein wollen. Es mag Ihnen jetzt merkwürdig vorkommen, dass dies für Sie von Vorteil sein könnte. Immerhin haben Sie doch so lange darum gekämpft, sich endlich abheben zu können.

Aber Sie haben es sich und den anderen doch schon längst bewiesen, dass Sie das Zeug zu etwas Besonderem haben. Ihr Titel sagt doch schon alles über Ihre herausragende Qualifikation aus. Die müssen Sie nicht mehr jeden Tag beweisen. Sie können im Gegenteil endlich einmal entspannt an die Schaffung Ihres wahren Images gehen.

Wie wäre es mit dem Bild einer überaus patenten, menschlich integren und kompetenten Persönlichkeit? Einer, die sich neben ihrem zeitraubenden Handeln für das Gesamtunternehmen (oder die Gesamtabteilung) auch noch Gedanken über die Schicksale ihrer Mitarbeiter macht.

Kommt gut, kann ich Ihnen versichern. Wirklich beeindruckende Managerinnen gründen übrigens grundsätzlich Kinderkrippen in ihren Firmen (auch wenn sie selbst keinen Nachwuchs haben), und um noch einmal auf die amerikanische Ex-Außenministerin Madeleine Albright zurückzukommen: Ist Ihnen nicht auch die Passage ihrer Lebensgeschichte am plastischsten im Gedächtnis geblieben, in der von ihrer Scheidung und der anschließenden Aufgabe als allein erziehender Mutter zweier Töchter die Rede war? Die hat sie selbst immer wieder gern erzählt, sicher nicht zuletzt deshalb, weil das so viele Sympathien auslöste. Und anderen Frauen Mut machte.

Also geizen Sie mal nicht mit kleinen Geschichtchen aus Ihrem Lebensfundus. Sie öffnen sich damit nicht nur Türen, sondern reißen ganze Torbögen nieder. Es zeugt von der Cleverness eines Chefs, wenn er seine Meute mit selbst gestreuten Geschichten entzückt. Bedenken Sie dabei den angenehmen Nebeneffekt: Dadurch fällt die ganze aufwändige Recherche Ihrer Mitarbeiter nach möglichst entlarvenden Details aus Ihrem Privatleben weg. Diese Zeit kann viel gewinnbringender fürs Unternehmen genutzt werden.

Jetzt gönnen Sie sich mal einen Gastauftritt als »Alice im Wunderland«, indem Sie durch Ihre Abteilungen spazieren, um die fähigsten Ihrer Mitarbeiter an Ihre Seite zu holen. Als kleinen Schlenker planen Sie kurze Besuche bei Ihren alten Gegnern ein. Die können Sie ganz nach Ihrem Kalkül in ihre Schranken verweisen – oder auch mit Zuneigung und Anerkennung ersticken. Sie können potenzielle Putschisten mit soviel Arbeit zuschütten, dass sie erst einmal neutralisiert sind.

Sie sehen, es gibt durchaus Aspekte in Ihrem neuen Leben, die nicht zu verachten sind. Aber behalten Sie bitte immer den Sinn für einen realistischen Blickwinkel. Wenn Ihnen etwas schon immer auf den Keks gegangen ist, ändern Sie es – jetzt. Nie zu viel auf einmal, sondern peu à peu. Und setzen Sie sich immer wieder neue persönliche Ziele. Das ist das Beste am Chefdasein: Die definieren Sie ganz allein.

FIES: Machen Sie Ihre Crew von Ihrer Persönlichkeit besoffen

Die Häppchen sind weg. Auf den silbernen Platten liegen nur noch vereinzelte Salatblätter. Schlapp kringeln sie sich an den Rändern nach oben. Die Servierbrigade des angesagtesten Feinkostladens in Ihrer Stadt räumt die Gläser weg. Am liebsten würden Sie sich gleich mit entsorgen lassen. Ab in die Badewanne und nichts mehr denken.

Geht aber nicht. Sie sind die Letzte auf dem Stehempfang. Denn Sie sind heute Chefin geworden. Und der ganze Zauber wurde zu Ihren Ehren veranstaltet. Smalltalk mit dem obersten Boss Ihres Unternehmens, der überaus schmeichelnde und überwältigend freundliche Einführungsworte für Sie fand. Den obligaten Blumenstrauß in Cellophan hat Ihre neue Mitarbeiterin schon ins Wasser gestellt. Ihre ehemaligen Kollegen sind brav nacheinander anmarschiert und haben gratuliert.

Ich hoffe, Sie haben schon während der Parade in Gedanken notiert: Ex-Kollege XY ärgert sich bis hin zum Magengeschwür über Ihren Aufstieg. Ex-Kollegin YX scheint sich tatsächlich über Ihren Erfolg zu freuen. Abteilungsleiter XX verbirgt seine Gedanken wie immer hinter seinem Pokerface.

Im Augenblick können Sie von ihm etwas lernen. Es ist das Beste, Sie halten sich erst einmal bedeckt, ehe Sie zu früh zeigen, was jetzt auf die anderen zukommt. Deren Fleisch gewordener Albtraum schlechthin: Eine hoch motivierte Frau mit Können, Ehrgeiz und Durchsetzungsvermögen.

So, jetzt sind Sie in Ihrem neuen Zimmer angekommen und können die Tür hinter sich zumachen. Verkneifen Sie es sich bitte, Ihre Schuhe erleichtert von sich zu schleudern. Denn Sie werden merken, dass es ab jetzt keine abgeschottete Welt mehr gibt für Sie. Sie müssen immer darauf vorbereitet sein, dass jemand klopft. Im angenehmsten Fall Ihre Sekretärin, im schlechtesten der Arbeitnehmervertreter. Sie müssen von nun an für alle und jeden erreichbar sein, nur notdürftig abgeschirmt von Ihrer Vorzimmerdame, die jedoch nie ganz sicher sein kann, ob sie nicht gerade den von Ihnen heimlich favorisierten Hoffnungsträger Ihres Unternehmens einen Kopf kürzer gemacht hat.

Also, lassen Sie die Schuhe an und bitten Sie Ihre »Perle« erst einmal zu einem kleinen Gespräch zu sich. Nicht zu vertrauensselig, immer mit der gebotenen Distanz – die von Sekretärinnen überaus geschätzt wird. Sie dürfen nämlich niemals den Fehler begehen, deren Loyalität als liebevolle Bewunderung misszudeuten. Warum auch? Sie wird bald mehr von Ihnen wissen, als Ihnen lieb ist.

Nun eröffnen Sie ihr gleich einmal die geschriebenen und ungeschriebenen Regeln, nach denen Sie Ihr Büro organisiert sehen wollen. Am besten drei eherne Gesetze: »Wenn ich nicht da bin, sagen Sie grundsätzlich, ich sei auf einem Termin.« »Sie öffnen niemals meine Post mit dem Vermerk ›Geheim/Vertraulich/Persönlich‹.« Und: »Sie bezahlen meine Knöllchen.« Gut, Letzteres meinen Sie als Scherz.

Sie sind ganz oben angekommen. Chefin des Bereichs, den Sie aus dem Effeff kennen. Ihr Durchbruch. Sie haben die Karriereleiter bis ganz nach oben erklommen. Sie schauen jetzt herunter auf all die Leute, die Ihnen bisher nichts als Steine in den Weg gelegt haben. Sie sind am Ziel.

Und wie fühlen Sie sich da? Einsam? Bitte keine Krokodilstränen. An Ihrem privaten Umfeld hat sich doch nichts geändert. Sie sind immer noch verheiratet/verliebt/emotional gebunden/ein glücklicher Single mit diversen Verehrern, Mutter, allein erziehende Mutter gar? Toll. Mir bleibt nichts weiter zu tun, als Ihnen den fälligen Glückwunsch zu überbringen und mich von Ihnen zu verabschieden. Sie wollen nicht, dass ich Sie in Ihrem Triumph allein lasse? Warum nicht?

Da sitzen Sie nun und fühlen sich ein ganz klein wenig benommen. Kommt wahrscheinlich vom Prosecco, an dem Sie als erfahrene Führungskraft lediglich genippt haben. Chefs trinken Champagner. Aber nur, wenn die Belegschaft nicht dabei ist.

Sie haben jetzt einen kleinen Katzenjammer. Wie jeder Kreative nach einem Moment des Triumphs. Sie befinden sich da in bester Gesellschaft. Von vielen Schauspielern oder Regisseuren, die sich nichts mehr erträumt haben, als endlich ganz hoch oben anzukommen. Und es gibt nur wenige Prominente, wie etwa Bestsellerautorin Sabrina Fox, die später zugeben, dass die Befriedigung über die Platzierung unter den Top-Sellern ihnen zwei Sekunden Freude beschert hat, und sie dann relativ leer zurückgelassen hat.

James Cameron, der geniale Regisseur von »Titanic«, lebte nach seinem triumphalen Mehrfach-Oscar-Gewinn jahrelang in dem tiefen Loch, in dem Sie sich gerade wiederfinden. Zehn Jahre hatte er an seinem Meisterwerk gebastelt, hatte sein gesamtes Vermögen bis hin zur Verpfändung seines persönlichen Hausrats in sein Mammut-Projekt gesteckt. Ist von allen Hollywood-Schaffenden verhöhnt worden. Die Schauspieler Kate Winslet und Leonardo di Caprio wurden abgeschrieben, weil sie einem weltfremden Idioten in die Hände gefallen zu sein schienen. Einem Besessenen, der ihre Karriere mit dem Unglücksschiff gleich mit versenkte. Er galt als Spinner mit größenwahnsinnigen Zügen.

Er selbst wusste aber, wer er war: jemand, der mit einem Film ganz nach oben will. Der mit seinem Können weiterkommt. Genau wie Sie es geschafft haben. Als die ganze Welt ins »Titanic«-Fieber fiel, brach Camerons Welt in tausend Scherben. Seine Ehe scheiterte, er heiratete eine seiner Titanic-Nebendarstellerinnen, und begab sich auf den mörderischen Weg der Sinnsuche. Erst jetzt, Jahre später, scheint er wieder ein Ziel gefunden zu haben. Das entsprechend seinem Mega-Erfolg einen noch größeren Thrill haben muss. Sein nächstes Projekt soll – im Weltraum spielen.

Was Sie jetzt fühlen, ist mit Camerons seelischem Absturz vergleichbar. Erinnern Sie sich an die Anspannung, die Gwyneth Paltrows berühmten Weinkrampf auslöste, als sie ihren Oscar für »Shakespeare in Love« abholte. Sie hatte so lange auf diesen Moment gewartet, ihre Darstellung war unisono bei allen Kritikern der Welt gelobt worden. Die Erwartungshaltung war auf ein so riesiges Maß angewachsen, dass die ehrenvolle Nominierung für einen Oscar schon nicht mehr ausgereicht hätte. Wäre sie leer ausgegangen, hätte sie das Etikett einer Loserin bekommen.

Vielleicht fühlt sich Gipfel-Bezwinger Reinhold Messner genauso wie Sie jetzt, wenn er den nächsten »höchsten« oder »schwierigsten« Berg zum ersten Mal bestiegen hat.

Die Frage, die ihn nach der Expedition quält, kann nur lauten: »Und wo will ich jetzt hin?«

Da sind Sie doch erheblich besser dran. Sie wissen wenigstens, was Ihr nächstes Ziel ist. Sein muss. Dass Sie da bleiben, wo Sie jetzt angekommen sind. Denn das ist das Teuflische an dem, was Sie geschafft haben. Sie wollen den Status behalten, den Sie sich so mühsam erkämpft haben. Für den Sie so viele Umwege in Kauf genommen haben, für den Sie so viele Winkelzüge veranstaltet haben, für den Sie im Parcours-Lauf (mit besten Haltungsnoten, versteht sich) über so viele Hindernisse gesprungen sind.

Nun lehnen Sie sich mal in Ihrem nigelnagelneuen Chefsessel zurück, atmen Sie tief durch (hatten wir doch schon einmal) – und seien Sie erst mal eines: zufrieden mit sich selbst. Ihre Beförderung zur Top-Kraft steht Ihnen nämlich zu. Sie sind gut. Sie sind intelligent. Sie sind, weiß Gott, belastbar.

Als Nächstes machen Sie sich klar, dass Ihnen niemand etwas geschenkt hat. Ich weiß schon, das ist ein Ding, das jede Frau verfolgt wie ein Schleudertrauma nach einem Unfall. Sie denken immer noch in Klein-Mädchen-Schablonen, weil Sie niemand auf den ganz großen Triumph vorbereitet hat. Sie haben immer noch verinnerlicht, dass Sie bescheiden zu sein haben. Dass Sie nicht nach einem zweiten, vielleicht sogar größeren Stück Kuchen fragen dürfen, weil Sie doch schon eines, wenn auch ein kleines, bekommen haben.

Oben zu sitzen, zu dirigieren, anzustoßen, Macht über Menschen zu haben, macht Angst. Zu Beginn.

Macht ist aber nichts Unanständiges. Macht ist nur ein Mittel, Ihre Arbeit anders auszuüben. Ab jetzt müssen Sie nicht mehr alles allein bewältigen. Ab jetzt steht Ihnen eine Truppe von mehr oder weniger fähigen Leuten zur Verfügung, die Sie nach Lust und Laune einsetzen können. Und da wird es in Ihren Planspielen ein wenig kompliziert? Gott sei Dank.

Denn Sie sollten nicht nach den Kriterien »Zieht euch warm an – ich komme« Anweisungen geben, sondern sich immer – wirklich immer – daran erinnern, wie es war, als Sie selbst einen Fingerbreit unter den wirklich Mächtigen geackert haben. Wie man Sie frustriert, wie man Sie gedemütigt, wie man Sie bewusst klein gehalten hat, als Sie noch zu denen gehörten, mit denen man beliebig umspringen konnte.

Gönnen Sie sich noch einen letzten Memory-Trip in die »alte Zeit«, die gerade erst hinter Ihnen liegt. Erinnern Sie sich noch einmal daran, was Sie damals vorhatten. Sie wollten – anders als Ihr Chef – niemals jemanden persönlich diffamieren. Sie wollten niemals einen Menschen unter sein Niveau zwingen. Und Sie wollten erreichen, dass ein pünktlicher Büroschluss nicht als Arbeitsverweigerung missinterpretiert wird.

Gut, dass Sie noch so nah dran sind. Jetzt haben Sie aber schon gemerkt, dass es einen Unterschied macht, von oben nach unten zu schauen. Dass man einen leichten Schwindelanfall bekommen kann, weil die Angst groß wird, wieder herunterzufallen.

Ich sage Ihnen, es ist ganz gut, ab und zu nach unten zu blicken, weil man sich dann bewusst ist, wie rasend schnell der Absturz sein kann. Netz und doppelten Boden gibt es nur im Zirkus. Dahin hat sich Prinzessin Stephanie von Monaco gerettet, die dabei aber eher die Figur eines traurigen Clowns im Manegenrund abgibt. Sie glaubt offenbar an den Mythos eines absolut ungebundenen Gauklerlebens. Keine Zwänge, keine Vorschriften, keine Regeln. Vor den Aufgaben einer Fürstentochter hat sie sich in die Arme ihres Elefantendompteurs Franco Knie geflüchtet.

Doch als Mitglied des so genannten fahrenden Volkes ist sie ein Fremdkörper. Während alle um sie herum erstklassig ausgebildete Profis – ob als Artisten, Manager oder Handwerker – sind, bleibt sie schlicht und einfach die Frau an der Seite des Chefs. Sie hat nicht, so wie Sie, kontinuierlich an ihrem beruflichen und damit verbundenen gesellschaftlichen Aufstieg, sondern an ihrem Abstieg aus ihrer sozialen Klasse gearbeitet.

Sie sitzen jetzt endlich im Chefsessel. Ein merkwürdiges Gefühl, plötzlich andere an Ihrem Stuhl sägen zu sehen, nicht wahr?

Hüten Sie sich vor Larmoyanz. Und seien Sie froh, dass Sie das Spiel Ihrer potenziellen Nachfolger sehr genau kennen. Sie haben lange genug die Planspiele zum Aufstieg selbst durchexerziert. Sie wissen doch noch sehr genau, wie Sie es angestellt haben, den Olymp zu erklimmen.

Sie brauchen jetzt ab sofort eine Pufferzone. Eine Art »Firewall«, die Sie hochfahren können, um ungestört zu arbeiten. Ihre Bodyguards sind ab sofort Ihre Berater. Menschen im Inner Circle, denen Sie Vertrauen auf Zeit entgegenbringen.

Aber greifen Sie nicht zu tief. Sie sind eine Frau mit Format, superben Kenntnissen und einem sehr hohen Grad an Einfühlungsvermögen. Sonst hätten Sie es erst gar nicht dahin geschafft, wo Sie jetzt sind. Lassen Sie sich nicht noch auf der Zielgeraden plötzlich von Versagensängsten überwältigen. Die sind überflüssig und schwächen nur. Sie müssen nur noch sich selbst beweisen, dass die vielen flotten Sprüche, die Sie früher gerissen haben, auch der Wirklichkeit standhalten.

Sie wussten doch immer, was das Beste fürs Unternehmen ist. Oder habe ich Sie da missverstanden? Wussten Sie nur immer, was für Sie das Beste sein könnte? Wäre schade, denn dann sind Sie angreifbar.

Ich habe Ihnen immer geglaubt, dass Sie sehr genau wussten, wie man Ihr Unternehmen zum großen Erfolg führen kann. Nämlich mit der Umsetzung Ihrer Ideen – und denen befähigter Mitarbeiter. Machen Sie nicht den Fehler, Claqueure um sich zu versammeln. Die haben Sie früher verabscheut – und die sollten Sie auch heute ignorieren.

Verheddern Sie sich nicht in der schönen Welt der Dienstwagen, Chefsekretärinnen und Assistenten, direkt Untergebenen und nachfolgenden Subalternen. Bleiben Sie schlicht und einfach auf dem Teppich und lassen Sie sich nicht vereinnahmen von Schleimern und ähnlichen Dämlacken, die nichts weiter im Sinn haben, als sich in Ihrem Erfolg zu sonnen.

Wenn Sie Sie selbst bleiben, sind Sie unangreifbar. Wenn Sie sich von sich selbst entfernen, sind Sie vermutlich die Nächste, die stolpert.

Es gibt immer, wirklich immer, andere, die genau wie Sie auf dem großen Trip zur Glückseligkeit, nämlich zum großen Erfolg sind. Wenn Sie nur einmal den Einflüsterungen der Schmeichler erliegen, kann Ihr Verfallsdatum äußerst begrenzt sein. Auch wenn es der Eitelkeit weh tut: Sie sind nichts, buchstäblich nichts, ohne Ihr Amt. Die Schmeichler um Sie herum huldigen jedoch nur dem Amt und nicht Ihrer kostbaren Person.

Sorgen Sie daher dafür, dass Sie als Person erkennbar bleiben. Ihre persönliche Kontur ist Ihre stärkste Waffe. Sie hat sozusagen denselben abwehrenden Effekt wie ein Bündel Knoblauch gegen Vampire. Der Vergleich scheint Ihnen etwas zu weit hergeholt? Mag sein. Aber ich fürchte, eine grell aufleuchtende Warnleuchte ist im Moment das Einzige, was Sie in Ihrem Triumphgefühl überhaupt noch wahrnehmen.

Vielleicht gar keine schlechte Idee. Bauen Sie sich ein Warnleuchtsystem auf. Das können Menschen sein, die Ihnen nahe stehen und Sie auch wirklich meinen. Die nicht dem Glanz des Lamettas, mit dem man Sie jetzt tonnenweise behängt, verfallen sind.

Bewahren Sie Ihr so oft erprobtes Gefühl für Gefahrenmomente. Checken Sie immer wieder aufs Neue: Wer kungelt mit wem und warum? Ihr erstklassig gekleideter Abteilungsleiter, der Ihnen früher so oft auf die Verzierung ging, wird jetzt immer noch Männchen machen und versuchen, mit neuen Einkaufstipps für Ihren erfundenen Bruder zu punkten. Sagen Sie ihm einfach, dass Ihr Bruder unlängst geheiratet hat und seine Frau Chefdirektrice bei Armani ist. Sie signalisieren zweierlei: Sie sind jetzt näher an den Fleischtöpfen als er (Schnäppchenpreise für Angestellte vergeben auch Kultschneider), und Sie haben das Styling Ihres imaginären Bruders in vertrauenswürdige Hände übergeben.

Sie haben die Nähe, die Sie früher selbst hergestellt haben, wieder auf Normalmaß reduziert, und er kann niemandem gegenüber behaupten, er und die Chefin seien »so«. (Dazu müssen Sie sich jetzt bitte den üblichen verschwörerischen Gesichtsausdruck von zwei kungelnden Männern vorstellen. Eine leichte Übung für jede berufstätige Frau.) Prüfen Sie den Stand der derzeit tobenden Schlacht einige Etagen unter Ihnen, indem Sie kleine Fangfragen nach dem Geistes- und/oder Gesundheitszustand zweier rivalisierender Bereichsleiter stellen. Erst dem einen, dann dem anderen – und dann einem dritten Mitarbeiter. Und schon sind Sie wieder mittendrin im Gewühl. Allerdings von einer angenehm erhabenen Warte aus.

Tun Sie eifrig Gutes – für das Unternehmen und natürlich für sich. Fördern Sie geradezu selbstlos Talente. Spornen Sie sie an und legen Sie sie dann wieder vorsichtshalber an die Leine. Eine lange, versteht sich. Die mit dem Schnappmechanismus, um schnelle Windhunde wieder bei Fuß zu führen. Vor allen Dingen jene, die Ihnen später einmal gefährlich werden können. Halten Sie clever eine Balance. Lernen Sie, sie erst einmal nach Strich und Faden auszubeuten, ehe Sie sie wieder in ihre Schranken verweisen.

Machen Sie sich aber nicht unnötig Feinde dabei. Die wachsen sowieso wie Pilze aus dem Boden. Auch ohne Ihr Zutun. Aber Sie können sich ja auf sich selbst sehr gut verlassen. Sie werden auch in Zukunft mögliche Attentäter früh genug entdecken und sie mit einem entschlossenen Schnitt Ihres unsichtbaren Klappmessers an genau der richtigen Stelle ein kleines Stück kürzer machen.

Laufen Sie aber bitte nicht zur wutschnaubenden Furie auf. Das schmälert Ihre souveräne Ausstrahlung, ein wichtiger Aspekt Ihres Erfolges. Sie können sich doch immer mit dem Kennerblick für feine und fiese Karrieretricks den Kürlauf Ihrer Mitarbeiter anschauen. Sie sind gerüstet für den Moment, an dem Sie die Bremse ziehen.

Und fangen Sie gar nicht erst an, Ihren Charmefaktor nur noch bei den Ihnen überstellten Persönlichkeiten anzuwenden. Erinnern Sie sich bitte immer wieder daran, was Sie selbst gemacht haben, als Ihr Boss Ihnen gegenüber den Ekelmacker hat raushängen lassen. Genau. Sie haben ihn torpediert. Sanft, aber unerbittlich.

Jetzt bewegen Sie sich auf dem schmalen Grat, den Erfolgsmenschen nun mal entlangwandern. Was sind Sie wert ohne Truppen, die Ihnen blindlings folgen? Wenig, nicht wahr? Was ist ein Häuptling, wenn er keine Indianer mehr kommandieren kann? Genau. Eine ziemlich verlorene, einsame Gestalt, dem Untergang geweiht.

Also, ich verlasse mich auf Ihre Intuition. Motivieren Sie Ihre Truppe. Machen Sie sie mit Ihrer Persönlichkeit besoffen. Es ist von viel größerem Nutzen, wenn eine Vielzahl von Menschen bereit ist, für Sie durchs Feuer zu gehen, weil sie Sie bewundern. Es wäre schade, wenn Sie Ihr Charisma verschleudern würden. Etwa für einen schnellen, sehr vergänglichen Moment des Triumphs, in dem Sie beispielsweise einen wenig gewinnenden Mitarbeiter frustrieren.

Tun Sie das niemandem an. Tun Sie es vor allen Dingen sich selbst nicht an. Das haben Sie nicht nötig. So gut kenne ich Sie.

Ingrid Jenckel

Durch 7 Betten musst du gehen

Für eine selbstbewusste Sexualität

240 Seiten, Broschur
ISBN 3-7205-2563-5

Ingrid Jenckel erklärt die Entwicklungsstufen der weiblichen Sexualität und zeigt auf, wie jede Frau selbst viel zu ihrem persönlichen Glück beitragen kann, indem sie sich mit eigenen Wünschen und Gefühlen auseinander setzt. Der Lohn dafür ist Gelassenheit, Zufriedenheit und Glück in dem Bett, das sie sich gemacht hat.

Ein provokantes und zugleich unterhaltsames Buch für alle Frauen, die ihr Leben und Lieben selbstbewusst gestalten wollen.

ARISTON